JN440849

게쎄 빨댄닥빠(dPal ldan grags pa) 큰스님

일러두기

ㅇ본 저서의 티벳어 한글 표기는 동국대학교 WISE캠퍼스 티벳대장경역경원의 「티벳어 한글 표기안」을 따른다.

ㅇ번역은 번역의 쪽수를 원문은 원문의 쪽수를 목차에 기재한다.

ㅇ16. 「공성을 소개하는 핵심 요지」와 17. 「진정한 평화와 행복의 바탕과 뿌리인 자비에 대하여」는 게쎄 쏘남걜챈의 번역이며, 그 외 나머지는 인강스님이 번역하였다.

현자들께서 기뻐하시는
중관의 난제에 관한 요지를 밝힌 견해

༄༅། །དབུ་མའི་དཀའ་གནད་ཀྱི་སྙིང་པོར་རྟོག་འཆར་དུ་བཀོད་པ་དཔྱོད་ལྡན་མཉེས་བྱེད།

게쎄 빨댄닥빠 지음

게쎄 쏘남걜챈 · 인강스님(김수연) 옮김

민속원

목차
དཀར་ཆག

번역 飜譯

1
서문

모두의 대선지식이신 게쎄 빨댄닥빠 큰스님께서 앞서 저술하신『선설신심장엄(善設信心莊嚴, *Legs bshad dad pa'i mdzes rgyan*)』등의 저작은 경론의 난제에 대한 해석을 담은 글로서 글의 길고 짧은 형태에 따라 편집되어 전집으로 출간되었습니다. 이 중 일부는 다양한 언어로 번역되어 불교의 가르침을 사색하고 탐구하는 많은 지식인들에게 도움이 되었고 특히, 학문적 열정을 지닌 연구자들에게 큰 도움이 된 것으로 알려져 있습니다.

일부 열정적인 독자들은 글의 의미를 더 명확히 해야 하는 필요성을 느껴 큰스님께 집필하시기를 거듭 제안하였고, 그 결과「현자들께서 기뻐하시는 중관의 난제에 대한 요지를 밝힌 견해」와 그 내용을 보충한「공성을 소개하는 핵심 요지」, 그리고 「진정한 평화와 행복의 바탕과 뿌리인 자비심과 보리심을 닦는 방식」을 함께 엮어서 출판하게 되었습니다.

이 책의 한글 번역본은 세종시 학림사의 회주스님이신 수환 스님께서 책을 탐독한 뒤 기쁨과 신심, 환희로써 책을 인쇄하는 모든 비용을 후원해주셨습니다.

2
약력

게셰 빨댄닥빠 큰스님께서는 13세에 티벳 사원에서 기초 논리학과 인식론, 인명론 등을 수학하셨으며, 실력을 평가하는 시험에서 뛰어난 성적을 거두어 대중 가운데 상을 수상하셨습니다. 18세에는 하싸(lHa sa)로 이동하여 대뿡 로쌜링 사원에서 중관학, 반야학, 인명학 등을 수학하며 온 노력을 다해 정진하셨습니다. 27세가 되던 때는 티벳이 난세를 맞이하는 시기에 봉착하게 되어 인도로 망명을 떠나게 되셨고, 인도에 도착한 이후에는 박사(인도지명, sBag sa)의 임시 불교 기지에서 거듭 정진하셨습니다.

여러 사원이 남인도로 이전하자 그 곳에서 학문에 대한 열정을 더욱 고취시켜 마지막 단계까지 힘을 다해 정진하셨고, 43세에는 겔룩빠 대학교(Gelugpa University)에서 게셰 시험을 통과하여 하람빠 학위를 1등으로 취득하셨습니다. 학위를 받은 이후에는 많은 학인들의 다양한 요청에 응하여 가르침을 전하셨으며 92세인 현재까지도 강의를 계속하고 계십니다. 더불어, 경론의 난제에 대한 개인적 견해를 담은 글들은 편집되어 전집으로 출판되었으며, 현재까지도 저술활동을 이어가고 계십니다.

3
예찬문

최고의 기반인 이제의 결합에 잘 의지하여
최고의 길인 방편과 지혜가 결합한 훌륭한 수행으로써
최고의 결과인 삼신(三身)의 과위를 훌륭하게 성취하신
최고의 구제자이신 설시자(부처님)께 높이 예경올립니다.

연기를 밝히신 용수 부자(父子)와
불호와 월칭 논사,
적천과 청변, 적호 논사 등
성자의 나라(인도)의 성취자들께 제가 예경올립니다.

공성과 연기가 일치함을 밝히시고
거룩한 롭상닥빠 부자(父子)와

많은 경론의 설시자하신 위대한 뻰첸 쏘남닥빠 등
직간접의 스승님들께 제가 공경을 올리오니

가르침의 정수인 연기와 공성을
통찰한 행적을 따라가려 하는 제가
모든 허물이 정화되고 일체 선함이 증장하며,
저와 비슷한 이들을 이롭게 하기 위해 이 글을 짓습니다.

4
저자의 말

저는 이전에 제 쫑카빠와 그의 제자들의 말씀 가운데 무아를 설명한 심오하고 명확한 몇몇의 가르침을 종합하여 글을 썼습니다. 이 글은 여러 언어로 번역되어 다양한 지역과 학문적 관심을 가진 연구자들에게 도움이 되었고, 그 사실을 매우 기쁘게 생각합니다. 일부 독자들은 글이 지나치게 간결해서 이해하기 어렵다고 지적하며, 용어의 의미를 명확히 설명해야 한다는 의견을 제시하였고, 저에게 글을 쓰기를 권하였습니다.

하지만 저는 나이가 많고 건강도 좋지 않아 기억력이 감퇴되었기에 이러한 일을 시작하는데 용기를 내기가 어려웠습니다. 그러나 『중론(中論, *Madhyamaka Śāstra*)』과 『입중론(入中論, *Madhyamakāvatāra*)』에 대한 제 쫑카빠의 주석서인 『정리대해(正理大海, *rTsa bshad rigs pa'i rgya mtsho*)』와 『밀의해명(密意

解明, *dBu ma dgong pa rab gsal*)』에서 다양한 경론을 인용하며, "광대한 공덕을 쌓고 모든 허물을 제거하는 데 있어서, 아무리 짧은 단 하나의 게송이라도 무아를 설하는 의미에 대해 최대한 듣고 사유하는 것보다 뛰어난 것은 없다."고 명시한 말씀을 거듭 마주하였습니다.

또 저와 비슷한 이들이 많은 계를 수지했지만 해야 할 바를 하지 않고, 하지 말아야 할 바를 행하는 악업과 범계의 행위를 짓고 있음이 마치 비가 내리듯 무수하게 끝없이 이어지고 있습니다. 이러한 악업을 정화하기 위해서는 무아의 의미에 대해 듣고 사유해야 한다고 많은 불전에서 설하고 있습니다.

더불어 오탁악세에는 선법을 실천하는 과정에서 사람과 사람이 아닌 이들이 많은 해악을 끼칩니다. 『마음을 닦는 일곱 가지(*bLo sbyong bdun ma*)』에서는 "수호하는 것에 공성보다 위대한 것은 없다.(자신을 지키는데 있어서 공성을 문 · 사 · 수로 닦는 것보다 더 뛰어난 수행은 없다.)" 라고 설하며 해악과 장애를 제거함에 있어서 공성을 사유하는 중요성을 강조합니다. 이처럼 저 역시도 많은 이들에게 공성을 사유하는 유익함이 생기기를 발원하고 기도하는 마음으로 이 글을 쓰게 되었습니다.

글을 쓰는 과정에서 전거를 찾고 글을 편집하는 데 도움을 준 이들에게 감사의 마음을 전하며, 이들의 도움 덕분에 이 책이 원만하게 완성될 수 있었습니다. 마음에 떠오르는 생각들을 글로 담게 되어 제 마음은 기쁨으로 충만합니다. 이 모든 공덕으로 스승님들께 수행의 공양 구름을 올릴 수 있기를 진심으로 기원합니다.

5
공성의 부정대상을 인지하는 방식에 대한 고찰

1) 다른 이의 주장을 반박함

혹자는 공성의 부정대상을 인지하는 방법에 대해 다음과 같이 말한다. 이들은 『삼매왕경(三昧王經)』의 "누군가를 여성이라고 생각한다면, 그 사람에 대한 탐착이 매우 증장하게 된다네. 생각들을 해체시키면 탐착은 사라진다네."라는 구절을 인용한다. 대상을 자신이 원하는 바를 이루게 하는 주체로 인식하거나 혹은 해악을 끼치는 주체로 인식함으로써 탐욕과 분노가 일어난다는 것은 자명한 사실이다. 따라서 어떤 대상에 마음을 기울이더라도 탐착과 분노를 일으키게 된다. 이와 같은 이유에 근거하여 이들은 어떤 대상도 마음에 일으키지 않는 상태에 익숙하게 만드는 것이 탐욕과 분노를 줄이는 확실한 방법이라고 간주한다. 그래서 마음에 대상을 떠올리는 것 자체를 공(空)의 부정대상이라고 말한다.(그 어떤 대상도 마음에 짓지 않는 것을 공성을 관하는 것이라고 말한다.)

이것은 자아에 마음을 기울이지 않은 수준일 뿐이며, 무아에 마음이 진입한 것은 아니기 때문에 일시적으로는 탐욕과 분노가 일어나지 않게 된다. 따라서 다소 도움이 될 수는 있겠지만 후에 다시 그 대상과 비슷한 것을 보게 되면, 이전과 같이 탐욕과 분노가 매우 커지게 된다. 이것은 자신의 경험을 통해서도 명백하게 확인할 수 있다.

따라서『삼매왕경』에서 설한 바의 의미는, 유루(有漏)의 식에 떠오르는 것과 같이 그대로 생각을 받아들이면 탐욕과 분노가 강해진다는 의미로 이해할 수 있다. 그렇지 않다면『입보리행론』「지혜품」에서 "어떻게 보고 듣고 아는 것이든, 이것은 부정해야 할 바가 아니니, 여기에서는 고통의 원인이 되는 실체화하는 분별을 버려야한다."라는 게송과 이에 대한 모든 주석서의 내용과 모순이 될 것이라고 생각한다.

더불어 이들의 말을 인정한다면, 선업과 악업 등의 취하고 버려야 할 처와 비처를 가려 행하는 것이 불합리하게 될 것이기 때문에 이 역시 제거해야 할 대상이 되어 버린다. 만약 이를 제거한다면, 경교와 논리로써 제거해야만 할 것인데, 경교와 논리 역시도 마음에 짓는 것이 되어 버려서 이 또한 합당하지 않다고 인정해야만 하는 상황에 놓이게 된다. 결국 그 어떤 체계도 설 수가 없게 되고, "착란된 [식의] 관점에서 존재한다."고 하는 것을 승인하는 것 또한 부당한 일이 되어 버릴 것이다. 이들은 마음에 짓는 것은 어떤 것도 부당하다고 여기기 때문에 [그들의 주장이 틀렸음을] 분명하게 이해할 수 있을 것이다.

따라서 간사한 사람을 믿을 만한 사람으로 간주한 뒤, 그의 본색이 드러나게 되었을 때 그를 다시 보게 되면 '사람'이라는 인식은 여전히 유지되지만, 믿을 만한 이라고 여겼던 신뢰는 사라지게 된다. 이것은 현실의 경험을 통해 알 수 있다고 생각한다. 이와 같은 이치에 의해서 부정대상을 바르게 배격한다면 탐욕과 분노가 줄어드는 방식에 대한 이해 또한 바르게 정립될 것이라고 생각한다.

혹자는 "마차에서 마차가 자성으로써 성립하는 지를 찾아야 한다."는 말씀을 잘못 이해하여, 마차에서 마차가 어디에 있는지를 찾고 나서 마차의 부분들에서 마차를 발견하지 못하는 수준으로 공성을 깨우쳤다고 주장한다. 하지만 이것은 무아의 의미에 대해 마음을 기울이지 않은 소몰이꾼 조차도 이해할 수 있는 매우 낮은 수준의 이해이다. 이와 같이 공성을 받아들이는 이들은 '명칭으로 가립한 대상은 바른인식(量)으로 확립되지 않고, 착란된 관점에서만 존재한다고 말하는 것'과, '[제법이] 유무 그 어떤 것도 아니라고 승인'하는 이들의 말에 자발적으로 동의한 것으로 보이니, 스스로 살펴보고 분석해야 한다고 생각한다.

6
명명처(命名處, gdags gzhi, 명명하는 기반)의 토대 위에서 존재함을 인식하는 방식에 대한 고찰

몇몇의 석학들의 문헌과 구전되는 말씀에만 의지하여 "자신의 측면에서 성립한다.(rang ngos nas grub)"는 문장에서 '자신(rang)'을 특성의 기반인 대상(境)과 유경(識), 두 가지 용어 가운데 '대상'으로 이해하지 않고 명명처(gdags gzhi)로 설정한다. 그리고 제법이 명명처의 '토대 위에서부터' 혹은 '토대 위에서' 그리고 명명처의 '측면에서' 성립한다고 인식하는 것을 '자체적으로 성립함(de'i ngos nas grub)'을 인식하는 원리로 승인하는 것이라고 말한다.

이에 대한 필자의 견해는 다음과 같다. '명명처의 토대 위에서부터' 등의 문구들은 '그것의 토대 위에서' 성립한다고 이해하는 것에서 벗어나지 않는다. 한편, 『정리대해』 제3장에서

> 정리지(正理知)로 분석하는 것은 눈 따위에 대해 자신의 본성으로 성립하는 자성의 유무를 찾는 것이며, 유무(有無)의 정도만을 찾는 것은 아니다.

는 말씀과 『보리도차제광론(菩提道次第廣論, *Lam rim chen mo*)』에서

> 색법(色法) 따위에 대해 생멸(生滅) 등의 자성이 있는지 없는지를 찾는 것이다. 그렇다면 색법 따위에 대해 <u>자신의 본성으로써</u> 성립하는 생멸의 유무를 찾는 것이지 정리지로써 생멸의 정도만을 찾는 것은 아니다.

라고 하여 명명된 의미를 찾는 방식이 색법 따위의 생멸의 유무를 찾는 방식이 아니라는 것을 분명하게 설하고 있다. 또 같은 문헌에서

> 그렇다면 내면의 마음의 힘으로써 설정하는 것이 아니라 <u>자신의 본성으로써</u> 대상의 토대 위에서 성립한다는 것에 대해 '자아' 혹은 '자성'이라고 하니,

라고 설한다. 이것은 대상의 토대 위에서 성립한다는 것에 대해 ['자신의 본성으로써'라는 구절을 첨가하여] 부정대상을 차별화하고 있음을 보여준다. 따라서 대상의 토대 위에서 성립함을 미세한 부정대상의 의미로 이해해서는 안된다는 사실을 알아야 한다. 또 같은 책에서

> 그렇지 않고 일부 권위 있는 문헌에서 항아리 따위에 대해 자신의 부분과 하나인지 여럿인지를 분석하는 논리를 무자성을 확정하는 말씀으로 착각하여, 항아리에 대해 [항아리의] 입구와 목 등의 부위가 무엇인지를 분석하고 나서 그 어느 것도 [항아리로] 취할 수 없다면 항아리는 없는 것이라고 결단한다. 그리고 나서 [이를] 분석하는 사람 또한 그와 같은 [이치로] 분석하여 분석하는 사람 역시 없다고 결단하게 된다. 그 때 분석하는 사람을 얻지 못하니 [분석하는 대상인] 항아리 따위도 없다고 생각하여 '그 누가 인식하는 것인가?'라는 생각에 이르게 되어서 있는 것도 아니고 없는 것도 아니라고 간주한다. 이와 같이 일부 잘못된 논리로 전도된 결단에 이르는 것이 [중관의] 견해를 얻은 것이라면. 이것은 가장 쉬운 일로 보인다.

라고 설명한다. 『보리도차제약론(菩提道次第約論, *Lam rim*

'bring po)』에서는

> 앞에서 언급한 부정대상의 범주를 바르게 이해하지 못하고 대상을 정리지로 분석하여 [대상을] 해체시키면 '대상이 없구나.'라는 생각이 먼저 떠오른다. 그리고 나서 분석하는 이 역시 이와 유사하다고 본다. 그리고 나서 대상이 없다고 결단한 사람 또한 있는 것이 아니기 때문에 어떤 것에서도 '이것이다.', '이것이 아니다.'를 결정할 수가 없게 되어버려서 현상이 희미하고 모호하게 되어버린다. [이것은] 현상이 떠오르더라도 자성의 유무와 [일반적인] 유무를 구별하지 않음으로 인해 발생한 것이기 때문에 이와 같은 공(空) 역시 연기를 파멸하는 공이 된다.

라고 말하고 있다. 이와 같은 인용구를 통해 고찰한다면, 항아리라는 대상의 토대 위에 존재하지 않음을 [부정대상으로] 말하는 것이 아니라 '자신의 본성에 의해 자립할 수 있는 존재방식'이라는 구절을 첨가하여 부정대상(자신의 본성에 의해 자립할 수 있는 존재방식을 지닌 항아리)을 명확하게 차별화하고 있음을 확인할 수 있다. 따라서 이와 같은 말씀에 따라 이해해야 하는 것이 아닐까 생각한다.

그렇지 않다면 항아리의 존재방식에 대해 분석할 때, 항아리의 부분들이 항아리인지 아닌지를 분석하여 항아리를 얻지 못하는 수준에서 '항아리'라는 것이 착란된 관점에서만 있을 뿐 대상은 존재하지 않는다고 여기거나, '이것이다. 이것이 아니다.'라는 그 어떤 말도 할 수 없게 된다. 이와 같이 받아들이는 것은 연기를 파멸하는 단멸공이 되어버린다고 [경론에서] 분명하게 설하고 있으므로 올바르게 분석해야 한다.

위에서 인용한 『보리도차제광론』과 『보리도차제약론』의 의미는 부정대상에 대해 바르게 인지하고 있지 않으면 공성을 분석할 때 착오를 범하게 된다는 점을 지적한다. 이러한 말씀은 대상의 '일반적인 존재'와 '자체적으로 성립하는 존재', 둘의 차별된 방식을 거듭 말하여도 피상적으로만 이해할 뿐 그 의미를 헤아리지 못하고, 공성에 대해 산발적으로 들었을 뿐 그 의미에 대해 잘못된 열망(信解, mos pa)을 가진 필자와 같은 이들을 위한 것으로 보인다.

더불어 제 쫑카빠와 두 제자(rje'i yab sras)의 말씀 가운데서 '명명처의 토대 위에서'라는 것을 '그 측면에서 성립하는 것'으로 설정하여, 명명처의 측면에서 있다고 취하는 것을 실집으로 설명하는 구절이 존재하는지를 자세하게 찾아보았지만 발견하지 못하였다. 뿐만 아니라 항아리가 대상의 토대 위에서 존재하지 않는다고 승인한다면 항아리는 금항아리의 토대 위에서도 존재하지 않는 것으로 귀결된다. 그렇게 되면 항아리가 금항아리의 무상함을 입증하는 타당한 논증인(正因)으로서의 역할이 불가능하게 된다.

이처럼 사람의 얼굴과 손이나 발 등의 '토대 위에서부터' 혹은 '토대 위에서' 사람이 없다는 것은 진여에 마음을 기울이지 않은 이들조차 이해할 수 있다. 따라서 이와 같이 인식하는 것은 마치 마차가 자신의 부분을 지닌다는 것과, 집합체의 측면에서 성립한다는 것을 승인하는 것과 같다. 이와 같은 관점은 학설가들이 일시적인 변계를 일으킨 아집 정도일 뿐, 실제 아집은 아니라고 말해야 한다고 생각한다.

만약 명명처의 토대 위에 존재한다고 인식하는 것이 전도식이라 한다면, 이와 같은 방식에서 탐욕과 분노를 이끄는 원리가 어떻게 작동하는지를 살펴보아야 한다. 마치 토끼의 머리에 뿔이 있다고 여기는 생각에는 탐욕과 분노를 일으키는 원리가 작동하지 않는 것과 같다.

7
자파의 주장을 설함

2) 자파의 주장을 설함

그러므로 이와 같은 부정대상을 제거하기 위해서는 먼저 부정대상이 무엇인지를 파악해야만 한다. 부정대상은 어떻게 파악해야 하는 것일까? 이에 대해서는 다양한 설명이 있지만『보리도차제광론』의 다음의 구절을 통해 바르게 이해할 수 있을 것이다.

> [거울 속에서] 얼굴처럼 비춰지는 형상이 자신의 본성으로써 성립함이 있다고 인식하는 것은 실집(實執, 실재에 대한 집착)이다. 이러한 인식이 자신의 심상속에 존재한다는 것은 경험을 통해서 알 수 있다. 그러나 [거울 속의 형상이] 무자성의 비유로 가능한 이치는, [거울 속에] 떠오르는 것은 무엇이든지 그 본성으로부터 공한 까닭에 떠오

르는 대상의 무자성은 현전식(現前識)에 의해 성립한다는 사실에서 기인한다. 따라서 이것[형상]에 비유한 것이다. 싹 따위의 대상의 토대 위에서 떠오르는 것이 자성으로써 공함을 바른인식(量)으로 지각하는 것은 싹의 무자성을 깨닫는 것이기 때문에 [거울 속의] 형상 따위와는 다르다.

또한 비유와 그 의미에 대해 이와 같은 차이가 생기는 원리는, 대상이 자성으로써 존재하듯이 현현하는 것이 현현하듯 그대로 존재하는지의 여부에 대해 미세하고 거친 두 가지 측면으로 나눌 수 있는지의 여부가 요건이 된다고 보인다.

인용문에서 거울 속 형상을 자신의 본성으로써 성립하는 존재(실체화된 존재)로 여기는 인식이 자신의 심상속에 존재한다는 사실은 경험을 통해서 알 수 있을 것이라고 설명한다. 이와 마찬가지로, 싹이나 다른 내외의 대상 또한 [실체화된 존재로 인식하고 있다는 것을 경험으로 알 수 있음은] 마찬가지이다.

경험으로 알 수 있는 이치는 다음과 같다. 예를 들면, 무지개와 구름, 초가집, 부축해야 하는 환자 등이 스스로 존립(자립)할 수 없는 이치는 세상의 일반사람들에게도 알려져 있다. 이처럼 자신과 오온 등이 스스로 존립할 수 없지만 존립할 수 있는 것처럼 떠오르는 것에 대한 집착이 자신의 심상속에 실제 작동(현행)할 때, 이것에 '어리석음' 혹은 '아집'이라고 이름 붙이는 것만으로도 파악이 가능할 것이다. 예를 들어서, 자신의 마음에 탐욕과 분노 등이 발생할 때, '이것이 탐욕이다.'고 표현하는 것만으로도 그 감정이 탐욕임을 알아차릴 수 있는 이치와 유사하다고 생각한다.

더불어, 특성의 기반(대상)이 '일반적으로 존재하는 것'과 '스스로 존립할 수 있는 방식으로써 존재하는 것' 이 두 가지는 부정대상을 배제하기 전에는 타당한 사례의 토대 위에서만 구별할 수 있는 정도로 이해할 수 있다. 그 의미를 대상의 토대 위에서 구별할 수 있는 것은 '성립시켜야 하는 대상(공성)'을 올바르게 성취한 이후에만 가능할 뿐이며, 그 이전에는 불가능하다. 이러한 이치에 대해 설명하는 가르침에 대해서도 바르게 이해해야 한다고 생각한다.

만일 부정대상에서 무엇을 배제해야 하는지에 대한 이해가 부족하여 부정해야 할 대상과 성립시켜야 하는 대상의 차이를 구별하지 못한다면, 이는 마치 문지기가 막아야 할 것과 통과시켜야 할 것을 구별하지 못하는 것과 유사하다고 볼 수 있다. 문지기는 막아야 할 때에도 이 둘을 동일하게 막을 것이며, 통과시켜야 할 때에도 똑같이 통과시켜 버릴 것이기 때문이다. 또 다른 비유로 설명하자면, 우유와 물이 섞인 음료를 마실 때 우유와 물을 구별하지 못한다면, 음료를 마실 때 이 둘을 똑같이 섭취하거나 음료를 버릴 때 똑같이 버리게 되는 이치와 같을 것이다. 이와 같은 사고에는 오류가 없다고 생각한다.

예를 들면, 설일체유부는 '존재'와 '사물' 둘을 구별하지 못한다. 하지만 사물의 의미를 '작용할 수 있는 것'으로 설정한다면, 허공 따위를 사물이라고 승인하는 것에 대한 모순을 드러냄으로써 허공이 사물임을 배격하게 된다. 그러나 이 때 '존재'는 배격할 필요가 없다. 이처럼 부정대상의 범주를 바르게 파악할 수 있다면, 이에 대한 모순을 드러냄으로써 부정대상은 배격할지라도 '존재' 자체는 배격할 필요가 없는 것이다.

이것이 문지기 따위의 예시와 다른 점은, 문지기는 막아야 할 대상과 통과시켜야 할 대상이 무엇을 상징하는 것인지를 처음부터 현전식(現前識, mnogn sum, 직관식)으로 인지해야만 한다는 것과, 또 우유와 물이 섞인 것을 구별할 수 있는 능력이 있는 거위* 따위가 우유를 섭취함으로써 깨끗한 물을 버리는

* 불전에는 부처님을 거위로 비유하는 표현이 종종 등장하는데, 거위는 우유와 물을 섞어서 마시면 우유만 마시고 물은 버리는 재주를 지녔다고 전해진다. 여기서 우유는 삼독에 오염되지 않은 깨달음에 비유하고, 버리는 물은 중생심을 의미한다고 볼 수 있다.

것이 눈으로 확인 가능하다는 점에서 차이가 있음을 이해할 수 있을 것이다.*

* 공성을 깨닫기 이전에는 '일반적으로 존재하는 것'과 '스스로 존립할 수 있는 방식으로써 존재하는 것'을 구별할 수 없으며 타당한 사례를 통해서만 이 둘의 구별이 가능할 뿐이다. 이것은 공성을 깨닫고 난 이후에만 완전하게 구별할 수 있다. 이 둘을 구별하지 못하는 허물을 문지기와 거위의 비유를 통해 설명했지만, 문지기는 문을 지키기 이전에 막고 통과시켜야 할 것이 무엇인지 눈으로 확인해야 한다는 점과, 거위가 우유와 물을 가려내는 것 역시 눈으로 확인해야 한다는 측면에서 차이가 있다.

8
실유(實有)와 가유(假有)를 인식하는 방식에 대한 고찰

혹자는 자성으로써 존재한다고 취하는 것을 명명처의 토대 위에서 존재함을 취하는 것으로 설정해야만 한다고 말한다. 『정리대해』 제5장에서 "'자상으로써 존재하는 것'과 '오직 언설의 힘으로만 설정된 것이 아니라 다른 방식으로 존재하는 것' 둘은 유사하다."라는 구절부터, "이에 대해 언설을 가립한 기반이 어떻게 존재하는지를 찾아서 눈, 귀 따위 각각과 그 집합체 또한 내가 아니며, 이와 별개의 대상에서도 내가 존재하지 않는다는 것이 자아가 <u>본성으로써 없는 방식</u>이다."까지가 이를 설명한다. 여기에서 파생된 내용으로서

> 그 이유 역시, 실유(實有)를 정리지로 고찰하면 발견되어야 하지만 그렇지 않다면 제거할 수 있다. 존재성 정도는 정리지로 고찰함으로

> 써 발견되어야 하는 것이 아니다. 따라서 그것이 발견되지 않는다는 이유만으로 제거할 수 있는 것이 아닌 까닭이다.

라고 말한다. 이 구절 역시 고착된 관념인 부정대상을 배격할 때 명명된 기반의 토대 위에서 찾아야 함을 일깨우기 위해서는 인용이 가능하다. 한편,『정리대해』와『보리도차제광론』두 곳에서 이와 같은 주장이 부당한 원리에 대해서 설명한 바는 아래에서 인용하는 내용을 통해서 알 수 있을 것이다.

인용구의 전후의 맥락을 살펴보고, 시작하는 방식과 마지막에 이유 등에 대해 서술한 방식을 고려하여 인용구의 일반적인 의미를 설명한다면 다음과 같을 것이다. '오직 언설의 힘으로만 설정된 것이 아니라 다른 방식으로 존재하는 것'이 자성으로써 성립하는 원리이다. 자성으로써 성립하는 것은 눈, 귀 따위의 온(蘊)의 부분들에서 본성으로써 존재하여 성립함이 발견되어야 하며, 그렇게 된다면 결국 실유가 되어버리므로 정리지에 의한 분석을 감내하는 존재로 귀결되어 버린다. 이것은 승인될 수 없다. 왜냐하면 위에서 이유로 제시된 바와 같이,『정리대해』제 9장에서 실유는 정리지로 고찰함을 감내하는 것이며, 가유는 그렇지 않기 때문이다.

라고 설하였고, 같은 책 24장에서

[정리지로써] 발견된다는 의미는 식(識)에 의해 그와 같이 지각된다는 의미이니, 세속 역시 마찬가지다.

고 설하였기 때문이다. 또한 『보리도차제광론』에서

정리지로 고찰함을 감내하고 감내하지 못한다는 의미란, 진여에 대해 고찰하는 정리지가 발견하거나 발견하지 못한다는 것이다.

라는 구절을 통해 이해할 수 있을 것이다. 더불어 법성(공성) 따위가 진여에 대해 고찰하는 정리지로써 발견된다고 승인해야만 하지만, [공성을] 정리지가 분석함을 감내하는 것으로 승인하는 것 역시 타당하지 않다. 기반(대상)인 싹 따위가 싹의 진여(실상)에 대해 고찰하는 정리지에 의해 발견된다면 싹은 실유가 될 것이고, 그렇다면 실유인 싹은 진여(실재로)로 성립되는 것으로 드러나게 된다. 이것이 정리지의 분석을 감내하는 것으로 성립하는 원리이다. 실유가 정리지로 고찰함을 감내하는 방식에 대한 의미를 이와 같이 이해해야 한다고 생각한다.

필자의 견해를 말한다면, 실유와 가유 둘의 인지방식은 다르다. 어떤 대상이 존재하는 원리는 분별식으로써 가립한 정도로는 충분하지 않으며, 그것이 그의 진여를 고찰하는 정리지로써 발견되어야만 한다고 인식하는 것이 실유를 인지하는 방식이다. 그리고 어떤 대상이 분별식에 의해 가립된 정도만으로 존재하는 원리가 충분하다고 인식하는 것이 가유를 인지하는 방식이다.

항아리를 예로 든다면, 항아리 따위의 토대 위에서 미세한 세속을 지각할 때, 그것이 분별식에 의해 설정되었을 뿐인 것으로 존재하는 원리가 충분하다고 지각함으로써 가유를 지각한다. 그리고 분별식에 의해 가립한 정도로만 존재원리가 충분하지 않다고 인식하는 실집의 대상(실유)을 배격하는 것이다. 이와 같은 이치를 승인해야 한다고 생각한다.

'분별식에 의해 가립되었을 뿐인 존재'의 원리는, 『입보리행론광석(入菩薩行論廣釋, *sPyod 'jug rtsa 'grel chen mo*)』에서 다음과 같이 설한다.

"즐겁고 괴로운 느낌은 분별식으로써 강하게 고수한 것이며 가립되었을 뿐이다."라고 하신 말씀은 성립되지 않는가? 성립된다. 먹고 마시는 하나의 행위가 분별식의 힘에 의해 즐거움과 괴로움이라는 두 가지 느낌의 원인으로 가립되기 때문이다.

이처럼 호불호가 갈리는 음악의 취향과 지역마다 다른 법규, 다양한 관습으로 인한 흉조와 길조, 다양한 의복 문화, 어린 아이들이 운동장 내에서 지키는 규칙과 질서 등은 각자 자신들만의 분별식으로 가립한 것이며, 가립한 그대로를 강하게 고수하는 것으로 생각된다.

따라서 실유로 취하는 것은 실집이 아니다. 왜냐하면 항아리를 미세한 세속으로 지각하기 전까지는 실집의 대상(실유)을 배격하지 못하기 때문이다. 이처럼 '세속으로 존재함(세속유=미세한 세속)'과 '승의로 존재함(승의유)' 두 가지가 직접모순인지 아닌지를 분석해야만 한다. 왜냐하면 이 두 가지가 직접모순이라면, 하나를 배격하는 것과 다른 하나가 성립하는 것이 동시적 작용이어야 하는데 이 둘은 그렇지 않기 때문이다. 이것은 『정리대해』 제14장에서 그것에 조작(원인과 조건에 의해 조작된 것)과 조작이 없는 것 두 가지는 직접모순이므로 하나의 기반에서 하나를 제거하면 다른 하나가 성립하는 것이어야 한다.

라는 말씀에 근거한다.

또한, 귀류논증파의 교설에서는 제법을 가유로 설정한다. 따라서 『입중론』에서는 심상속과 물질, 개아(個我, pudgala) 등을 설정하는 방식에 대해서 "심상속을 가진 것들은 서로 각각으로 존재한다."라고 설명한다. 이에 대한 주석서인 쫑카빠의 『밀의해명』에서는

어떤 까닭인가. 상속을 이루는 찰나식들이 순간적으로 연속해서 발생한다는 사실에 대해 유식학파의 주장을 따른다면, 전후의 식이 서로 별개의 본성으로써 존재하는 것이 되어 버리기 때문이다. (중략) 마치 강물의 물결과 같이 연속적으로 인과가 이어지는 것이다. 생멸이 이어져서 중간에 빈틈없이 연속적으로 머문다. 이처럼 상속은 행(유위법)의 세 찰나(과,현,미)를 취하는 자를 의미한다.

라고 하였고, "예를 들면, 항아리를 자신의 부분을 취하는 자로 설정하는 것과 같다."라고 하였으며, 또한 자아를 부정하는 부분에서,

> 최고의 학파(귀류논증학파)가 '개아'를 설정하는 방식은 다음과 같다. 오온과 본성이 다른 '행위자'는 명칭으로도 존재하지 않으며, 언설로 업을 짓는 자와 과보를 받는 자를 명칭으로 승인다면, 후자의 인용구에서 설한 바와 같이 업을 짓는 자로서 '개아'를 반드시 인정해야 한다. 그렇기 때문에 취하여지는 대상(오온) 사이에 '개아'를 설정하지 않고 [부분을] 취하는 자(取者, nye bar len pa po)로 설정하는 것은 매우 합당하다.

라고 말한다. '취하여지는 대상'인 부분이 마음의 대상으로 떠오르는 것에 반연한 집합체로서의 '취하는 자'를 '이 사람이다. 저 사람이다.'라고 여기는 사고는 그 사람의 부분에 해당하는 입이나 목, 그리고 팔, 다리 등을 두고서 발생하는 것이 아니다. 이러한 이치는 진여에 관심을 기울이지 않은 세상 사람들조차 이해할 수 있다고 생각한다. 따라서 오온의 심상속과 집합체, 특히 의식이 자아가 아니라는 결정적인 근거로 "그것들이 자신

의 취하여지는 대상(부분)이기 때문이다."라는 타당한 증인(正因)이 제시될 수 있다고 생각한다.

『밀의해명』의 부정대상을 파악하는 부분에서는 "어두운 장소에서 끈을 보고는 '이것은 뱀이다.'라는 생각이 들것이다."라고 하였으며, 뒤이어서 "나는 분별식으로 오온 따위에 연하여 설정되었을 뿐이지 자신의 본성으로써 성립함이 없다."라고 하여 '연하여'라는 표현이 첨가되어 있거나 그렇지 않은 두 가지 형태로 표현된다. 그 취지는 다음과 같다.

명명처(gdags gshi)에는 '~인 것으로 가립한 명명처'(끈을 뱀으로 인식하는 경우)와 '연하여 가립한 명명처(오온을 사람으로 인식하는 경우)' 두 가지가 있다. 이 가운데 전자의 경우에는 명명처(끈)가 명명하는 법(뱀)이 아닐 필요는 없지만, 후자의 경우에 있어서 명명처(목, 얼굴, 사지 등)가 명명하는 법(사람)이 아니라는 점을 명시하기 위해 '연하여'라는 표현을 첨가한 것이 분명하다. 왜냐하면 예를 들어서, 사람인 '혜진'이의 얼굴만을 보고서 '그 얼굴은 혜진이다.'라고 생각하는 것이 아니라, 혜진이의 얼굴에 반연하여 얼굴을 취하는 자를 혜진이라고 생각하기 때문이다. 따라서 얼굴은 혜진에 반연하여 가립된 명명처이다.

'혜진이는 특별한 개아이다.'라고 생각할 때는, "그것은 그것이다."라는 '~인 것으로' 가립한 명명처의 방식이며, 이를 이해한다면 '그것의 명명처'가 '그것'일 필요가 없다는 사실에 대한 의구심을 제거할 수 있으리라 생각한다. 제법 역시 마찬가지로 '자신이 아닌 것'에 반연하여 설정되기 때문에 이러한 이치로서 확정하지 못할 바는 없다고 보인다.

또, ①『입중론』에서 "7가지 방식에서 없음이 확정된 마차가 '어떻게 존재하겠는가'라고 고찰하는 유가행자(수행자)는 마차의 [자성적] 존재방식을 얻지 못한다."라는 구절과, ②『중관보만론』에서 "사람은 지(地)도 아니고 수(水)도 아니네." 등의 말씀, ③『입보리행론』에서 "몸은 발도 아니고 종아리도 아니네." 등으로 설한 바가 있다. 사람이 명명처(지,수, 발, 종아리)의 토대 위에서 존재하지 않는다고 표현한 이 구절들의 의미 역시 사람 그 자체에서 존재하지 않는다고 말하는 것이 아니다.

사람이 자성으로써 성립한다면 궁극적으로 7가지 방식 가운데 어느 하나로 성립한다는 것이 발견되어야 하지만 그렇지 않은 이치에 대한 가르침이 ①첫 번째 문구의 의미이다. ②두 번째 구절의 의미는, 사람이 자성으로 성립한다면 지 · 수 · 화 · 풍 · 공 · 식의 육계(六界) 각각과 자성으로써 하나인 존재로 성립해야 하지만 사람은 육계 각각과 하나로 성립하지 않음을 밝히는 것이다. ③ 세 번째의 의미는, 『입보리행론광석』에서 부분과 부분을 지닌 것이 자성으로써 성립하는 이치에 대해 고찰하는 방식을 설명한 것과, 『중관보만론』의 경구 역시 이와 같은 이치라고 명시한 말씀을 통해 이해할 수 있을 것이다.

또 『입중론』에서 "마차는 승의와 세속의 일곱가지 측면에서 존재하지 않지만"라는 구절과 그 주석서에서 "마차는 승의와 세간의 세속에서 가립된 대상임을 일곱 가지 측면에서 탐색할 때 마차가 성립되는 것은 아니지만"라는 구절은, 명명된 대상을 탐색하는 방식에 있어서 가립된 대상을 찾는 방식에 승의와 세간 두 가지가 있음을 표현한 것이 아니라, 마차를 근간으로 하여 명명된 대상을 탐색할 때 승의와 세속 그 어느 측면으로도 발견되지 않는다는 것을 의미한다고 생각한다.

만약 '마차는 승의와 세속의 일곱가지 측면에서 존재하지 않지만'라는 구절이 세간에서 명명된 대상을 탐색하는 방식이 존재함을 뜻하는 것이라고 받아들인다면, 그것은 논리적으로 맞지 않다. 왜냐하면 이것은 진여를 고찰하는 식으로써 세간의 대상을 고찰하는 것이 되어버리기에 세간의 모든 체계를 무너지게 하는 까닭이다. 『밀의해명』에서 이처럼 진여를 고찰하는 정리지로써 세속법을 고찰하는 것은 세간의 모든 명언을 무너지게 하는 것임을 알아야 한다.

라고 하였고,

가설된 대상에 대해 승의의 고찰을 적용하면 안 된다고 누누이 말씀하셨기 때문이다.

라고 설한 까닭이다.

9
공성의 부정대상과 동의어

귀류논증파의 설정 방식에 있어서, 공성의 의미를 분석할 때 공의 부정대상에 대해 정확하게 이해해야만 한다. 불교 경론에서 공성의 부정대상과 동일한 개념으로 사용되는 용어가 '자성으로써 · 자신의 측면에서 · 자상으로써 · 승의에서 · 실재로 · 진실로 · 진여에서 · 실상에서 · 본질적으로 성립함'과 '스스로 존립(자립)할 수 있음' 등 여러가지 표현으로 구사된다. 인(人)과 법(法)을 대상으로 하여 그 토대 위에서 '자성으로써 성립함' 등으로 인식하는 것이 탐욕과 분노 따위의 일체 번뇌와 허물의 뿌리가 된다고 설명한다.

실재로 성립한다고 인식함으로써 탐욕과 분노를 이끄는 방식을 세간 사람들에게 잘 알려져 있는 진실과 거짓의 차원에서 예를 들어 설명한다면, 마치 순금(純金)에 대해서는 탐욕이 일어나고 가금(假金)에 대해서 분노가 발생하는 것과 같다고 비유할 수 있을 것이다. 이것은 자신의 경험을 비춰 살펴본다면 쉽게 이해될 수 있다. 이러한 이해를 바탕으로 하여 '승의에서', '진실로' 등으로 성립함을 인식하는 방식 역시 설명할 수 있을 것이다.

특히 이 가운데서 '스스로 존립할 수 있다.(rang tshugs thub pa)'고 인식하는 것이 유달리 탐욕과 분노를 일으키는 원리에 대해서는 자신의 마음에 비춰서 바라보면 경험으로 이해할 수 있을 것이다. 이에 대해서는 아래에서 설명할 것이다. 더불어 '스스로 존립할 수 있다.'는 인식은 '자성으로써' 혹은 '자력으로' 성립한다고 인식하는 것과 같은 지각에 도달하며 이와 깊은 연관성이 있다고 보인다. 그 이유는 『보리도차제광론』에서 다음과 같이 설하였기 때문이다.

> '자재함(rang dbang ba)'이란, 자신의 본성으로써 성립하는 것으로 현현할 때, 식에 대상이 다른 것에 의지하지 않는 것으로 나타나고, 나타나는 그대로 성립함을 의미이다. 그러나 '다른 것에 의지하지 않는 것'을 '다른 원인과 조건에 의지하지 않는 것'으로 적용하여 부정하는 것은 자파(불교)에서는 입증할 필요가 없으며, 이를 배격하더

라도 중도의 견해에 들어설 수는 없기 때문에 대상의 토대 위에서 '자신의 본성'이란 관점으로 "자립할 수 있다."는 주하는 방식에 대해 '자재함'의 의미를 적용해야 한다.

또한 제 쫑카빠와 그의 제자들의 저작에서 '스스로 존립할 수 있음'이 공성의 부정대상임을 누누이 명시하고 있다. 『정리대해』 제24장에서는 "'스스로 존립할 수 있다.'는 자성의 부재를 공의 의미로 설하기 때문이다."라고 하였고, "이것은 상호의존적이기 때문에 스스로 존립할 수 있는 자성이 있다는 것은 진실이 아니다."라고 설하였다. 같은 맥락의 내용이 『보리도차제약론』과 『정리대해』 제5장과 제8장, 그리고 『입보리행론광석』 제9장과 케둡제의 『심오한 공성의 진여를 밝힌 행운아의 눈을 여는 논서(Zab mo stong pa nyid kyi de kho nan yid rab tu gsal bar byed pa'i bstan bcos skal bzang mig 'byed)』 등에도 명시되어 있다.

더불어 '스스로 존립할 수 있음'이 공성의 미세한 부정대상이라는 점을 밝히는 것은 공성이 연기의 견해와 무해(無害)의 행으로 표현될 수 있다는 사실을 바르게 이해하도록 도움을 준다고 생각한다. 다른 것에 의지해야만 하기 때문에 자립하는 것이 불가능하다는 것은 연기의 견해이다. 다른 것에 의존하는 원리는 마음으로 감수되거나 감수되지 않는 다양한 법들에 의지해야만 한다는 것이다. 그 가운데 특히 유정(有情)에게 다방면에서 의지해야만 한다. 국제관계부터 크고 작은 단체들, 가까운 친구와 친척들, 부부 등이 서로 의존해야만 하는 다양한 이치를 사유한다면, 그 생각의 힘에 의해서 다른 존재에게 해를 가하지 않는 무해의 행이 생겨날 것이라고 생각한다.

10
부정대상을 배격하는 주요 논증인에 대해서

부정대상인 '스스로 존립할 수 있음'을 배격하는 요지는 1) 모순항 인지증인(認知證因)인 '연기의 논증식'과 2) 관계항 비인지증인(非認知證因)인 '단수와 다수에서 벗어난(離一多) 논증식' 둘이 있다. 이 가운데 전자는 일반적인 연기로서, '갈래와 총체', '부분과 집합체', '공덕과 공덕을 지닌 것' 이 상호 의존하는 이치 등으로 다양하게 연기의 의미를 설하지만, 그 요지는 『밀의해명』에서 다음과 같이 설한다.

> 이것을 제대로 이해하면, 제법이 연기적으로 설정되어야 한다는 것과 연하여 가립되었다는 것, 연하여 발생했다는 것에 의해 자신의 본성으로써 성립함이 없고, 언설의 힘에 의해 설정되지 않은 자재하는 본성이 없으며, 존재하는 모든 법을 설정하는 것이 가립된

대상을 고찰하지 않은 채 설정된 것임을 올바르게 이해하게 될 것이다.

이와 같이 연기하는 방식은 세가지로 설명된다. 순서대로 예를 든다면, '여기와 저기', '자아와 오온', '아버지와 아들' 등이 해당된다. 이를 하나의 용어에 담아서 표현한다면, '크고 빨간 과일'이라고 말할 수 있다. 과일은 나무에 연하여 발생함을 나타내고, 빨강은 색깔에 연하여 가립된 것이며, 크다는 것은 작은 것에 연하여 설정된 것이므로 '크고 빨간 과일'을 통해서 세가지 연기 방식을 이해할 수 있을 것이다.

이에 대해서 혹자는 "그렇다면 외도들 또한 연기를 승인하는 것이 되어 버리고, 자립논증파 등 역시도 연기를 바르게 지각하는 것으로 승인해야 할 것이다."라고 말한다. 이것은 인정해야 한다고 생각한다. 『심오한 공성의 진여를 밝힌 행운아의 눈을 여는 논서』에서 설한 내용을 통해 잘 이해할 수 있다.

연기의 논증식에서 변시종법성(遍是宗法性, phyogs chos)은 유위법들이 원인이 없이 발생한다고(無因生) 승인하는 이들을 제외한 다른 이들에게는 이미 성립된 것이기 때문에 입증할 필요가 없다.

그렇다면, 『선설장론(善說藏論, *Drang nges legs bshad snying po*)』에서 사물(유위법)을 항상한 것으로 말하는 외도들이 연기를 승인하지 않기 때문에"라는 내용과 상충된다고 말할 수도 있을 것이다. 그러나 이 구절은 영속하는 사물과 영속하면서도 사물로 간주되는 개아와 법을 승인하는 외도들이 '쁘라끄리띠(prakṛti)'나 '보편(sāmānya, spyi don gzhan)'* 등을 원인과 조건에 의지하는 연기적 존재로 인정하지 않는다는 것을 의미한다. 일반적으로 외도들이 원인과 조건에 의지하는 연기를 승인한다는 의미는 인과에 대해 사구(四句)로 헤아리는 방식 등을 통해서 잘 이해될 수 있다고 생각한다.

---

* 승론학파(Vaiśeṣik)는 개체에 편재되어 있는 아트만이 상일주재(常一主宰)하다고 승인한다. 개체의 생주멸과 관계성을 벗어나 있는 아트만은 우주의 개체에 보편적으로 내속되어 있고, 눈으로 볼 수 있으며, 단일하고, 영원하다고 말한다. 이와 같이 추정되는 보편은 완전한 비존재이다. 이것을 티벳 전통에서는 spyi don gzhan이라 부른다.

11
미세한 연기에 대한 고찰

자립논증파 등에게 연기는 무자성을 입증하는 모순된 사인(似因)으로 간주되기 때문에(자립논증파에게 연기인 것은 반드시 자성으로써 성립하는 것으로 승인된다.) 미세한 연기를 설정하는 이치를 알지 못하지만 그들이 연기를 지각하지 못한다고 승인할 필요는 없다. 그 근거는 『사백론(四百論, *Catuḥśataka*)』 1장에 대한 주석 말미에서

> 당신이 의지하고 연하여 발생한 의미를 여실하게 깨달았음을 알지 못하고, [여실하게] 말하지 못함은 [귀류논증파와] 차이가 있다.

라고 하였으며, 『보리도차제광론』에서

> 연기에 대해 자성으로써 성립한다고 증익하여, 사물 자체의 본성으로 말하기 때문에 연기를 여실하게 깨닫지 못하며, 여실하게 말하지 못한다. 한편, 우리(귀류논증파)는 [연기를] 무자성으로 인정하고, 그와 같이 말하기 때문에 차이가 있다네.

라는 내용을 통해 이해할 수 있을 것이다. 그렇다면 미세한 연기는 어떠한 것인가. 『밀의해명』에서

> 의존하여 성립함에 대해서 두 대상이 상호 의존한 고유한 구축 방식이 있음을 알아야 한다.

라는 말씀처럼 『정리대해』 제8장에서도 다음과 같이 말한다.

> 인과 따위 또한 언설이 상호 의존하였을 뿐만 아니라 두 대상 역시 상호 의존한다는 것이 『중론』의 의미이다.
>
> 그러므로 불 또한 연기가 '생겨난 대상'이라는 점에 연하여 설정한 것이며, 자성으로써 자재하는 것으로 성립됨이 없기 때문에 다른 방식으로 불이 연기에 연하지 않는다고 말하는 것 따위와는 다르다.

따라서 불과 연기 둘이 원인과 결과라는 언설로써 상호 의존할 뿐만 아니라 "연기는 불의 생겨난 대상이다."라는 말로써 불이 연기에 연하는 이치를 이와 같이 설하는 것이다.

그 이치에 대해서는 『정리대해』 제10장 중반부에서

> 만일 "불은 땔감을 태우는 주체이다."라고 하면, 땔감에 의존하여 불을 설정하는 것이며, 만일 "땔감은 불에 의해 태워지는 대상이다."라고 하면, 불에 의존하여 땔감을 설정하는 것이다.

라고 설명한 내용에서 잘 드러난다고 보인다. 따라서 제10장에서 땔감이 불에 연하는 원리를 설명한 것처럼, 위에서 명시한 『정리대해』 제8장의 "불 또한 연기가 생겨난 대상인 것에 연하여"라고 표현한 내용 가운데 '생겨난 대상(bskyed bya)'을 오자로 추정할 수 있으며, 이를 '생기시키는 주체(skyed byed)' 즉, '연기를 불을 생기시키는 주체'로 이해해야 하는 것이 아닐까 생각한다. 이에 대해서는 스스로 분석해 보길 바란다.

그렇다면, 『정리대해』 제10장에서 "예를 들면, 항아리와 별개인 모포는 항아리에 의지하지 않는 것으로 보이는 것과 같다."라는 내용과 모순된다고 지적한다면, 모순되지 않는다고 답할 것이다. 『정리대해』 제14장에서 다음과 같이 설명한다.

> 항아리가 모포와 다르다는 특징은 모포에 의지하는 것이며, 항아리의 본성이 성립되는 것은 모포에 의지하지 않는다고 설명한 것처럼, 의존하여 성립하는 여부의 차이를 구별해야 한다.

말이나 소 따위는 이와 유사한 모든 부류와 상호 별개라는 점 등에 의지하여 설정되어야 하기 때문에 이러한 이해를 바탕으로 하여 상호 의존하여 설정한다는 의미를 이해해야 한다. 이것은 일시적으로 [차이를 다루는] 특수한 상황을 반영하여 상호 의존한다고 설정하는 것이지, 모든 측면에서 의지해야만 하는 것은 아니라고 생각한다.

요약하면, 세 방향에서 지지대에 의지하는 나무가 자립하지 못하는 방식을 설명하는 것을 나무가 존재하지 않는다고 이해해서는 결코 안되며, 다른 것에 의지하여 존재한다는 것을 간접적으로 이해할 수 있다. 그리고 나무가 다른 것에 의지하여 존재하는 방식을 설명하는 것에 의해서 나무가 부정대상인 '자립할 수 있음'이 부재한 자립할 수 없는 존재임을 간접적으로 이해할 수 있다.

이것은 공과 연기 두 가지가 하나의 의미가 다른 하나로 이어지는 유기적인 원리에 대한 올바른 이해를 돕는 것으로 보인다. 그렇지 않고 마차가 자신의 부속품들을 분리하여 해체된다면 마차가 없어지는 것이고, 또 마차의 부속품들을 조립하면 마차가 성립한다는 방식으로써 공과 연기의 유기적인 원리를 말하는 것은 매우 쉬운 수준의 이해로 보이기에 타당하지 않다고 말하는 것이다.

또한『밀의해명』에서 '논리의 왕인 연기의 논증으로써'라고 설명하듯이, 연기의 논리는 일체 사견의 그물을 끊으며, 취하고 버리는 모든 체계의 타당성을 이해하는데 있어서 다른 논증인보다 월등히 뛰어난 이치로서 올바른 확립을 이끈다. 이와 같은 이유에서 '논리의 왕'이라고 칭한다는 사실을 이해해야 한다고 생각한다.

12
능편 비인지증인(能遍 非認知證因)

두 번째는(첫 번째는 연기의 논증식), 네 가지 요지를 갖춘 능편 비인지증인(관계항 비인지증인의 한 종류)으로써 배격하는 방식이다. 여기에는 네 가지 요지가 있다. 1) 부정대상, 2)변충(주연관계), 3) 단수에서 벗어남, 4) 다수에서 벗어남 등으로 확정하는 것이다. 캐둡제의『악견의 어둠을 제거하는 등불(*lTa ngan mun sel sgron me*)』에서는 다음과 같이 설한다.

> 자신이 자성으로써 존재한다면, 내 몸의 안과 밖이나 상 · 중 · 하 가운데 어느 한 곳에 존재해야만 하며, 그곳에 존재하지 않는다면 없는 것이기 때문에 자신이 자성으로써 존재하지 않는다고 생각한다. 이런 생각을 가지고 수행하는 것은 결코 타당하지 않다. 자신이 자성으로써 성립한다면 성립하는 원리가 어떻게 존재하는지를 분석해야

한다. 존재하는 것이라면 반드시 단수와 다수(복수) 중 어느 하나로 존재하는 것으로 결단할 수 있듯이, 실재하는 것 또한 반드시 실재하는 단수와 실재하는 다수 중 어느 하나로 존재해야만 하기 때문이다. 이 둘 중 어느 것으로도 존재하지 않는다면, 실재로 존재하지 않아야 한다. 그렇기 때문에 단수와 다수에서 벗어난 논증인으로써 비실재(bden med)를 확정하게 되는 것처럼, '성립한다면 성립하는 원리가 반드시 이것과 저것 중 어느 하나로 성립해야만 한다.'라는 결단적인 분석으로써 탐구한 뒤에, 성립하는 원리가 이 둘 중 어느 것에서도 발견되지 않는다면 없는 것으로 확정하는 식이 생기는 것은 타당하다. 자성으로써 성립하여도 성립하는 원리가 이 둘 가운데 있을 필요가 없으며, 성립하는 원리가 이 둘 가운데 없다는 이유에 근거해서는 무자성을 확정하는 식이 발생할 수 없다.

예를 들어, 토끼뿔이 있다면 토끼의 머리에 있어야 하는 것이지, 토끼의 팔이나 다리 등에 있어야 할 필요가 없는 것으로 비유하여 표현할 수 있을 것이다.

13
실재하는 단수와 실재하는 다수로 인식하는 원리에 대한 고찰

위에서 명시한 바와 같은 맥락에서, 월칭논사의 『입중론』에서는 "[오온이] 다수이기에 자아 역시도 다수가 되어 버린다." 라고 설한다. 이 게송의 의미는 『밀의해명』의 다음의 내용을 통해 이해할 수 있을 것이다.

> 이것은 다섯 가지인 오온과 나의 본성을 하나로 인정하는 정도만으로는 문제가 발생하지 않으며, 나와 온 둘이 결코 분리할 수 없는 완전한 하나라고 인정할 때 문제가 되므로 [이와 같은] 오류를 지적하는 것이다. 물론 처음에는 [상대가] 나와 온을 완전한 하나라고 여긴다고 인정하지 않을 것이다. [세속에서 나와 온의] 본성이 단수이기도 하고 다수이기도 한 '허위(rdzun pa)'이기에 문제가 되지 않지만, 나와 온 둘을 실재한다고 승인하게 되면 [나와 온의] 본성이 [실재하는]

하나가 되기에 구분할 수 없는 완전한 하나가 될 수밖에 없다는 결론에 도달하게 된다. 그래서 [하나인] 자아가 [온이 다섯인 것처럼] 다수가 되거나, 다섯인 온이 [자아가 하나인 것처럼] 단수가 되어버리는 모순으로 귀결되는 것이다.

나와 오온이 실재로 성립한다면, 실재로 성립하는 하나(단수)와 별개(다수) 가운데 어느 하나로 반드시 성립해야만 한다. '실재로 성립하는 것'의 원리는, 대상과 시간 등 모든 측면에서 허위를 제거한 [변하지 않는] 실재에 머물러야 함을 의미하기 때문에 어떤 식(識)에 떠오르더라도 하나의 인지방식으로 드러나야만 한다.

나와 오온 둘이 현전식(現前識)에 떠오를 때는 마치 물과 우유가 섞인 것처럼 구별되지 않은 상태로 현현한다. 이것은 분별식의 측면에서도 같은 방식으로 떠올라야 하기 때문에 나와 오온의 개념이 하나가 되어버리는 오류가 발생한다. 한편, 나와 오온이 분별식에 떠오를 때는 마치 달과 별처럼 별개로 현현한다. 이것이 현전지에도 같은 방식으로 현현한다면, 달과 별처럼 무관한 것으로 떠오른다는 것을 인정하는 꼴이 되기 때문에 오류가 발생하게 된다. 이와 같은 딜레마가 발생하는 것이 요지라고 생각한다.

뿐만 아니라, 위에서 인용한 경구*의 의미에 대해 [비실재를 지각하여] 중도의 견해를 얻어도 견해에 대한 분석이 완성되지는 않은 것이라고 해석하는 이들도 다수 있다고 들었다. 그렇지만『보리도차제광론』의 이해방식을 따른다면, [중도의 견해와 연기의 견해가 분리되어 증득된다는 시각에서는] 중도의 견해를 얻는 것이 어려운 일은 아닐 것이다. 이것은 인용구 가운데 '하지만 어려운 점은'에서 부터 "중도의 견해를 얻기란 매우 어렵다."까지의 내용이 명시하는 바와 같다.

단순히 아무 것도 없는 텅 빈 수준이 아닌 실제 공성의 견해를 얻게 되면, 견해를 얻은 그 순간에 업과 따위의 연기에 대해 확정하는 마음이 당장에 생기지는 않을지라도, 견해가 생기고 난 뒤 잇따라 확정하는 마음이 깊은 곳에서부터 점차 우러날 것이다. 이것이 위에서 밝힌 경구의 의미이기에 이와 같은 이해를 바탕으로 하여 견해의 분석이 완성된 방식이 어떠한 것인지를 이해해야 한다고 생각한다.

---

* 『보리도차제광론』, "연기에 대해 자성으로써 성립한다고 증익하여, 사물 자체의 본성으로 말하기 때문에 연기를 여실하게 깨닫지 못하며, 여실하게 말하지 못한다. 한편, 우리(귀류논증파)는 [연기를] 무자성으로 인정하고, 그와 같이 말하기 때문에 차이가 있다네."

그렇다면, '단수와 다수에서 벗어나는(離一多) 논증식'을 제시해야 할 대상에 해당하는 상대가 주제(chos can)의 토대 위에서 자성으로써 성립하는 단수와 다수로 성립하지 않음을 지각한다는 것을 승인해야만 한다. 『정리대해』 제2장에서는

> 자성을 단수와 다수의 측면에서 바른인식(量)으로써 배격한다면, 자성으로써 존재하는 제삼의 방안은 마음에서 사라져야만 한다. 여기서, 두 가지로 성립하지 않더라도 자성으로써 존재한다고 인식하는 것은 어떠한 것인가. 각각의 실명(實名)으로 이해되는 대상이 별개로 존재하지 않는다는 것이 '단수'의 의미이고, 서로 무관한 별개의 대상으로 존재하는 것을 '다수'의 의미라고 파악하여, 이 두 가지로 성립하지 않더라도 [행위자와 행위가 하나도 아니고, 전혀 무관한 별개도 아니기 때문에 다수도 아니지만] 자성으로써 존재한다고 생각하는 것이다.

라고 하여 상대가 자성으로써 성립하는 단수와 다수 중 어느 것으로도 성립하지 않음을 실제 깨닫지 못한 경우를 설명한다.

또 혹자는 '나와 오온 둘이 자성으로써 생멸이 없는 것'을 공성으로 승인해야 하듯이 '자아와 오온 둘이 실재로 성립하는 단

수가 아닌 것' 또한 공성이며, '다수로 성립하지 않는 것' 역시 공성으로 승인해야만 한다고 주장한다. 따라서 이들은 '단수와 다수에서 벗어난 이일다 논증인을 제시한 것이 무엇 때문인지를 분석해야 한다고 말한다.

이에 대해서 몇몇의 석학들께서는 그들의 주장에 허물이 없다고 말씀하셨다. 이들은 '파랑'이 단일하고 '파랑과 노랑'이 다수라는 측면을 대상으로 삼고서 차례대로, 실재로 성립하는 단수와 실재로 성립하는 다수로 존재한다고 인식하는 것을 미세한 실집으로 간주한다.

[반면, 다수와 단수의 측면을 대상으로 삼지 않고] 단지 '파랑' 자체와, '파랑과 노랑' 자체를 대상으로 삼고 나서 '파랑'을 실재로 성립하는 단수로, '파랑과 노랑'을 실재로 성립하는 다수로 존재한다고 인식하는 것은 미세한 실집이 아니라고 간주한다. 따라서 이와 같은 집착의 대상을 배격한 것 역시 법성이 아니라고 석학들께서 말씀하셨다. 그렇지만 이러한 주장이 옳은지 그른지는 제자들이 스스로 분석해야 한다고 생각한다.

또한 자신의 소연인 대상(所取)을 두고서 '실재로 성립하는 향유되는 대상으로' 인식하는 것과 식(能取)을 두고서 '실재로 성립하는 향유하는 주체로' 인식하는 것에 대해 자립논증파는 실집으로 간주하여 소지장으로 승인한다. 귀류논증파는 이것을 아집으로 보고 번뇌장으로 승인한다는 측면에서는 서로 상응하는 것으로 보인다.

이와 같이, 마차를 대상으로 하여 '부속품을 지닌 것'이 승의에서 성립된다고 인식하는 것(실집이 아님)과, '부속품을 지닌 것으로(실집)' 승의에서 성립된다고 인식하는 것의 표현의 차이를 구별해야 한다. '~으로 등'의 처격 조사의 유무의 차이에 의해서 의미가 달라진다는 점을 주목해야 한다고 생각한다. 이에 대해서는 스스로 분석해 보길 바란다.

그러므로 이러한 차이(다수와 단수의 측면을 대상으로 삼아서 실재로 인식하는 것이 실집이고, 대상만을 대상으로 삼은 것은 실집이 아닌 것)는 개념상의 구별방식에서 기인한 것이다. 자아가 단수이고, 자아와 온 둘이 다수라는 점을 기반으로 한 상태에서 차례대로 실재로 성립하는 단수와 실재로 성립하는 다수로 존재하는지의 여부를 분간하듯이, '그것이 실재로 성립하는 단수와 다수, 그 어느 것으로도 성립되지 않음'을 법성(공성)으로 승인해야만 한다.

또한 "기반으로 한다."는 것은 대상으로 삼는다는 것을 의미하는 것이 아니라, [단수와 다수라는] 특성을 적용한 것으로 이해해야만 한다. 예를 들면, '유정(有情)을 대상으로 한 연민심'(세 가지 연민심 중 하나)이 무상하다는 특성을 적용한 유정을 대상으로 삼을 때, 이미 유정이 무상하다는 사실을 이전에 확정했을 지라도 그것(유정을 대상으로 한 연민심)이 유정의 무상함을 대상으로 삼을 필요가 없는 것과 유사하다. 따라서 상기한 석학들의 주장에서 단수와 다수의 측면에서 소연하는 차이를 논한 것과는 상이하다고 생각한다.

더불어, 그 대상이 실재로 성립함을 기반으로 하여, 그것이 단수나 다수로 성립하는지를 분간하여, 그와 같이 성립되지 않는 것을 법성(공성)이라고 볼 수 없다. 왜냐하면 특성의 기반(온)과 특성(단수, 다수)을 표현하는 방식의 차이에 의해서 그와 같이 이해되는 방식이 있기 때문이다. 예를 들면, '나무가 아닌(특성) 소리(기반)'라는 것에 '소리'와 '나무가 아닌 것'의 개념상의 차이가 구별되는 두 가지 방식이 있고, 마찬가지로 '가공된 사물' 이라는 것 또한 '가공'의 개념상과 '사물'의 개념상으로부터 구별되는 두 가지 방식이 있는 것이다. 이것은 걜찹제(rGyal tshab rje)의 『양평석(*Pramāṇavārttika*)』 주석서 『해탈의 길을 밝힘(*Thar lam gsal byed*)』에서 설명하는 바와 같다.

이처럼 『입중론』에서 "[자성으로써 성립하는 다른 원인에서 생하는] 타생(他生)은 세간에서 조차 존재하지 않는다."라는 부분에 대한 『밀의해명』의 주석에서는 타생을 인식한다면 그 둘(원인과 결과)이 자성으로써 성립하는 별개의 것으로서 관계성이 없음을 인식해야만 하며, 그와 같은 인식은 세간 사람들에게도 존재하지 않는다고 설명한다. 이를 통해서 이해할 수 있다고 보인다.

요약하면, 『정리대해』에서 명시하듯이, 나와 온 둘이 실재로 성립한다면, 현현하는 것처럼 그대로 성립해야 한다. 이것은 현전지에 현현하는 것처럼 성립하는 방식이나 또는 분별식에 현현하는 것처럼 성립하는 방식, 두 가지에서 벗어나지 않기 때문에 이와 같은 이치에서 말하는 것으로 보인다. 예를 든다면, 은행 안에 적은 액수의 잔돈밖에 없을지라도, 백만원이 있다고 착각하여 돈을 찾을 때, 백만 원짜리 수표 한장이나 만 원짜리 100개에 해당하는 그 어떤 돈도 발견하지 못하게 되면, 백만 원이 있을 것이라고 착각했던 강력한 인식이 사라지게 되는 것과 유사하다.

혹자는 '단수와 다수에서 벗어나는 논증식'에서 이유와 소립법을 반전시킨 두 가지 항[실유와 실재로 성립하는 하나와 여럿으로 성립함]의 수반관계가 등가이기 때문에 능편 비인지정인(正因, rtangs yang dag)으로 승인하는 것이 비합리적이라고 말한다. 그러나 [수반관계가 등가여도 능편 비인지정인이라는] 주장에 허물은 없다. 그것은 식의 입장에서 먼저 소립법을 반전시킨 항을 제거한 힘에 의해 논증인을 반전시킨 항을 제거하는 것이 아니라, 논증인을 반전시킨 항이 제거되는 힘에 의해서 소립법을 반전시킨 항이 제거되기 때문이다. 이것이 요지라고 생각한다.

요약하면 다음과 같다. 중도의 견해를 얻는 것을 마차를 예로 들어서 설명한다면, 기반이 되는 마차를 두고서 마차가 자성으로써 성립하는 지를 찾고 나서 마차가 자성으로써 존재하지 않음을 이해해야만 한다. 이와 달리 마차를 두고서 마차가 어디에 있는지를 찾고 난 뒤에 마차의 토대 위에서 마차가 발견되지 않는 수준을 마차의 무자성으로 이해하는 것은 견해를 얻은 것이 아니라고 경론에서 명시하고 있다.

뿐만 아니라, 마차가 자성으로써 성립한다면 마차가 마차의 안과 밖의 어느 한 곳에 존재할 것이라고 생각하여 마차의 안과 밖을 고찰하거나, 마차의 부속품 가운데 어떤 것이 마차로 설정되는지를 고찰하는 것 역시도 연기를 파멸하는 단멸공이 된다고 설명한다. 그리고 이것은 진여를 고찰하는 정리지로써 언설의 대상을 고찰한 것이 되기에 이 또한 타당한 방식이 아니라는 것은 위에서 명시한 바를 통해서 명확하게 이해될 것이다. 더불어 다음의 『정리대해』 제22장의 구절을 통해서도 충분히 이해할 수 있으리라 생각된다.

> 데바닷다가 소를 가지고 있고 귀를 가지고 있다고 하는 소유방식으로서 여래가 온을 가지고 있다고 보는 것 역시 본성으로써 존재하는 방식이 아니다. 왜냐하면 (여래는 온과) 자성으로써 다수 혹은 단수인 그 어느 것으로도 성립하지 않기 때문이다. (단수와 다수, 所衣와 能依, 소유 다섯 중에) 나머지 셋[소의와 능의, 소유]은 첫 번째[단수]나 두 번째[다수]에 포함되기에 단수(一)나 다수(多)로 분석하는 부분에 포함되지만, 살가야견이 아(我)를 취하는 방식에 따라서 본 장[22장]과 제10장에서 다섯 종류로 설한 것이다.

14
변충(khyab pa)을 확정하는 요지에 대해서

단수와 다수에서 벗어나는 논증식의 네 가지 요지 가운데 나머지는 간추린 수준에서 설명을 마쳤다. 그 중에 변충(주연관계)을 확정하는 요지에 관한 필자의 견해를 밝힌다면 다음과 같다. 혹자는 추리 정도만으로는 변충을 성립시킬 수 없다고 말한다. 예를 들면, 하얀 거위를 제외하고는 거위를 본 경험이 없는 이의 입장에서 거위는 하얀색으로 변충한다는 생각(거위는 반드시 하얀색인 것으로 필연한다는 생각)이 존재하지만, 나중에 노란 거위를 보게 되었을 때 그 마음이 사라지게 되는 것과 같다고 말한다.

이러한 주장은 ['거위'라고] 이름을 붙인 이유가 주로 색상에 근거한 것이 되기에 오류가 된다. 그 때, 이름을 붙인 대상의 고유한 형상의 특징을 취하여 적용한다면, 나중에 거위와 유사한 대상을 볼 때를 제외하고는 거위라는 생각이 발생하지 않기 때문에 추측하는 정도의 수준이 아닌 상태로 변충을 확정할 수 있다고 생각한다.

이미 이와 유사하게, 자야아난따(10C 인도 논사) 역시도 두 대론자가 인(因)의 삼상(三相)이 성립됨을 승인하는 정도의 수준이지, 바른인식(量)으로 성립해야 한다는 것은 타당하지 않다고 주장하였다. 이와 같은 주장은 제 쫑카빠가 명백히 반박한 내용을 통해서도 이해할 수 있다고 생각한다.

따라서 증인(證因)과 소립법의 두 가지 특징을 지닌 바른 사례가 제시되고 나서 논증인을 성립시켜야 하는 것이며, 그렇지 않다면 그 어떤 논증식을 고안하더라도 스스로 모순(자가당착)이 생기는 오류에 이르게 된다. 이러한 이치는『선설장론』에서 유식학파의 자기인식(자증식)을 입증하는 논증식을 반박한 논지를 통해 분명하게 이해할 수 있다고 보인다.

15
승의로 성립되는 방식을 두 가지로 설명하는 의미에 대한 고찰

승의로(혹은 승의에서) 성립되는 방식은 두 가지로 설명된다. 1) '실재로 성립하는 것(bden grub)'과 2) '공성을 고찰하는 정리지의 측면에서 존재하는 것'을 실재로 성립하는 것으로 승인하는 것이다. 이 가운데 항아리 따위의 세속법이 성자의 등지(等持)나 공성을 고찰하는 문 · 사 · 수의 정리지의 측면에서 존재하는 것에 대해서 '승의로 존재하는 것'이라고 말하는 것은 어떤 의미인가?

"항아리와 항아리의 부분들이 승의로 성립된다면, 성자의 등지에 의해 승의로 관찰되어야 하지만 그와 같이 관찰되지 않기 때문이다."라고 하여 승의로 존재하지 않는다고 말하는 것은, 궁극적으로 "승의의 차원(승의를 고찰하는 등지)에서 있어야 하지만 없기 때문에 승의로 존재하지 않는다."고 해석하는 것으로 이해해야 한다.

항아리 따위가 문 · 사 · 수의 정리지에 의해 발견된다고 인식하는 것은, 실상을 고찰하는 정리지에 의한 고찰을 감내하는 것으로 인식하는 것이다. 이것을 실집으로 승인하는 것은 타당하지 않다. 『밀의해명』에서도 "전자의 존재성을 인식하는 것은 선천적인 실집이 아니다."라고 설하고 있다. 실집이라면, 그 집착대상이 선천적인 실집의 집착대상과 일치해야 하고, 이 두 가지 집착대상을 배격한 두 가지 공성 역시도 결코 차이가 없어야만 한다. 이것은 반드시 고려되어야 한다.

그렇다면, 유부(有部)가 항아리를 세속제로 설정하는 방식과의 차이점은 무엇인가? 항아리를 예로 든다면, 금항아리 따위를 망치로 부수어 항아리가 어디에 있는지를 탐색하는 것은 스스로 존립할 수 있다고 여긴 이전 항아리의 존재에 대한 유무를 탐색하는 것이 아니다. 유부는 항아리를 구성하는 극미한 입자 각각이 금인지 아닌지, 항아리인지 아닌지를 탐색함으로써 입자는 금이지만 항아리는 아니라고 파악한다. 이 때, 금항아리의 주 원인(근취인)에 해당하는 금이라는 차원은 승의제이며, 항아리인 차원은 세속제라고 말한다. 따라서 이러한 견해는 중관의 견해와는 극명한 차이를 보인다고 생각된다.

지금까지 상기한 내용의 요지는 『정리대해』 제18장에서 다음과 같이 설명한다.

> 이와 같이 내가 자성으로 성립한다면 나와 온 둘이 자상으로써 성립된 하나(一) 나 다수(多) 가운데 어느 하나로 존재해야 한다. 이 두 가지 방식 모두에서 논리적인 모순을 보게 된다면 내가 자성으로써 성립하는 것이 조금도 없다는 결단을 얻게 된다. 이것은 선천적인 유신견(有身見)이 나라고 집착하는 대상의 무자성을 깨달은 [공성의] 견해를 얻은 것이다.

필자는 이와 같은 말씀들을 바탕으로 상기한 캐둡제의 말씀을 사색할 때 깊은 믿음과 존경의 마음이 점점 커져갔다. 이러한 분석이 모든 불전의 문구와 일치하는 것은 아니겠지만 경솔하게 적은 것은 아니며, 필자가 능력을 다해 분석하고 기록한 것이다. 미냑(Mi nyag) 꾜르뻰 린뽀체께서는 다음과 같은 말씀을 남기셨다.

> [내가 한 말이] 진실하다고 생각된다면 그 의미를 마음에 담고
> 타당하다고 생각된다면 타당한 이치를 그와 같이 찾아라.

잘못되었다고 생각된다면, 잘못된 의미를 뒤로 버려라.

틀렸다고 생각된다면 틀린 것을 제거하기를 간청하네.

이와 같은 말씀처럼 필자 역시 같은 마음으로 발원한다.

공성과 연기를 설명한 이 글로써

몸을 지닌 모든 이들의 마음의 눈이 밝아지고

영원한 행복(해탈과 일체지의 경지)에 이르는 최상의 선도에

바르게 나아가니

모든 중생에게 유익하고 행복한 길상이 항상 함께 하기를.

이 글은 게쎄 빨댄닥빠가 티벳력 2150년 7월 30일, 서기 2023년 1월 14일, 91세되는 해에 간절한 기도와 발원으로 완성하였다. 이 공덕으로 길상과 원만이 더욱더 증장되길 기원하나이다.

16
공성을 소개하는 핵심 요지

법을 확실하게 분별하는 지혜에 예경하나이다.

공성에 대해 분석한다면 위대한 논사 샨티데바가 『입보리행론』에서 "보시부터 선정까지 방편을 설한 모두는 능인 부처님께서 지혜를 얻기 위해 설하신 것이다."라고 말씀한 바와 같이 부처님께서 설하신 모든 가르침은 일체중생의 고통을 제거하기 위해 공성을 깨닫는 지혜가 생기도록 설하신 것이며, 우리들 또한 '공성'이라고 하는 것은 아무것도 없다는 것이 아닌 공성의 뜻을 바르게 이해해야 하고, 또한 이것은 공성의 부정대상을 바르게 이해하는 데 달려 있다.

첫 번째, 바르게 이해해야 할 공성은 『중론』 제24장 「관사성제품」에 대한 쫑카빠 대사의 주석서에서 "조건에서 생기는 것은 무생(無生)이다."라고 하는 것 등 조건에 의지하는 것, 즉 자신에게 독립적인 자성이 없다고 하는 것을 공성의 뜻으로 말하는 것과 같다. 두 번째, 공성의 부정대상을 바르게 인식하는 것은 다음과 같은 구절을 통해서 이해할 수 있다. 쫑카빠 대사는 『정리대해』 제1장에서 다음과 같이 설명한다.

원인과 결과 둘 다 이름으로만 가립한 것이 아닌, 즉 [원인과 결과라는] 명언(名言)을 부여하여 가립된 것이 자신의 본성으로 성립하는 소생(所生, 결과)과 능생(能生, 원인)으로 존재한다고 여기는 것을 부정대상으로 취하는 것이다.

또 쫑카빠 대사는 『선설장론』에서 다음과 같이 설명한다.

그렇다면 이름과 명언의 측면에서 설정되지 않은 어떠한 것을 부정한다는 것인가. '사람'이라는 것은 명언으로 가립된 것이기에 만약 그것이 자신의 자상(自相)으로 성립한다면 그 의미가 자신의 본성으로 존재하게 되기에 유경(有境)인 명언의 측면에서 존재하지 않게 되므로 그것을 부정하는 것이다.

이 두 가지 등으로 이해할 수 있다. 그리고 명언으로 가립(假立)된 것 또는 생각으로 가립되는 방식은 『입보리행론』 주석서에서 다음과 같이 말씀한 것으로 잘 이해할 수 있다.

낙수(樂受)와 고수(苦受)는 생각으로 분별해서 가립될 뿐이다. 왜냐하면 먹는 음식 하나가 생각에 의해 어떤 사람에게는 행복을 주는 원인이 될 수도 있고, 어떤 사람에게는 고통을 주는 원인이 될 수도 있기 때문이다.

그렇다면 부정의 대상을 바르게 인식하는 방식이 무엇인가 하면, 쫑카빠 대사의 『보리도차제광론』의 다음과 같은 구절을 통해서 이해할 수 있다.

[거울 속에서 마치 실물처럼] 얼굴이 현현하는 이 '영상(映像)'이 자신의 본성으로 성립하여 (본질적으로) 존재한다고 여기는 것이 실집(實執, 諦執, 실재에 대한 집착)이 다. 이것이 자신의 심상속 안에도 존재한다는 것은 스스로의 경험을 통해서도 알 수 있다. 그렇지만 [거울 속의 영상이] 무자성의 비유가 가능한 것은 현현하는 것은 무엇이든지 그 본성으로부터 비어있기 때문이다. 현현하는 것 자체가 자

성이 없음은 현량(現量)으로 입증되기 때문에 이것(영상)에 비유한 것이다. 싹과 같은 대상에서 '현현하는 것은 무엇이든지 자성이 비어 있다'는 사실을 량(量)으로 알게 되는 것은 싹의 무자성을 깨닫는 것이기에 영상 등과는 다르다.

비유와 뜻을 이렇게 나타내는 것은 현현한 것이 그 자성으로부터 있는 것과 없는 것에 대해 거칠고 미세한 두 가지로 나눌 수 있는지 없는지의 차이라고 생각한다. 위 인용문에서도 밝혔듯이 거울 속 영상을 자신의 본성으로 성립한 [본질적인] 존재로 여기는 것을 자신의 경험을 통해 알 수 있다는 사실은 싹과 같은 다른 대상들에서도 마찬가지로 [본질적인 존재로 여기고 있음을] 알 수 있다. 이러한 이치는 쫑카빠 대사의『중론』주석서인『정리대해』제24장에서 매우 쉽게 설명하고 있다.

이것은 상호 의존해야 하기에 자립적인 자성이 있다는 것은 진실이 아니다.

예를 들어 부축해야 할 환자나 무지개, 구름 등이 스스로 독립적이지 않은 것은 세간에서도 알려진 바와 같이 나와 남, 머

무는 집들이 독립적이지 않지만 우리에게는 독립적으로 현현하고 집착하는 것이다. 자신의 심상속에 있는 이것을 집착과 분노와 같은 이름만 말해도 자신에게 있는 것으로 이해할 수 있기에 경험으로 성립되는 방식이 이와 같다고 한다.

하지만 어떤 것을 일반적으로 존재하는 것과 자성, 즉 독립적으로 존재하는 것 각각으로 구분하는 것은 공성의 부정대상을 막기 전까지는 비유의 측면에서 이 둘을 구분할 수 있는 정도이지 뜻의 측면에서는 일반적으로 존재하는 것과 자성으로 존재하는 것을 구분할 수 없고, 공성을 바르게 이해한 뒤에야 구분할 수 있는 것으로 보인다.

이를 지주대에 의존하는 나무에 비유하자면, 독립적이지 않다고 할 때 나무가 아예 없다는 뜻으로 이해하는 것이 아니고 다른 무엇에 의지해서 있다는 것으로 이해할 수 있고, 반대로 다른 것에 의지해서 있다고 한다면 자신에게 독립적인 실체성이 없다는 것을 간접적으로 이해할 수 있기에 공성과 연기를 하나의 뜻으로 바르게 이해할 수 있는 것으로 보인다. 그렇지 않고 마차의 부분들을 따로따로 분리시키면 마차가 없어지는 것과 또 마차의 부분들을 조립했을 때 마차가 성립되는 것으로 공성과 연기가 하나의 뜻임을 매우 쉽게 이해할 수 있지만 이것은 타당하지 않다고 생각한다.

이 또한 나와 오온 등 자신에게 독립적인 실체성이 있다고 집착하는 것으로 세속팔풍을 일으킨다. 그중 칭찬 등으로 남에게 의지하지 않고 스스로를 높이 여기는 자만심 등 집착이 늘어나고, 비난 등으로 실망하고 마음이 슬프며 어두워지고 복잡하고 편치 않으며 남을 미워하는 분노가 늘어나는 것을 경험으로 알 수 있다. 이와 같이 모든 허물과 고통의 뿌리는 나와 내 것이라는 아집에서 비롯된 것으로 이해할 수 있기에 온 힘을 다해 아집을 막아야 한다.

따라서 이러한 자립적 존재를 부정함에 있어서 주로 사용되는 부정방식은 능편 비인지정인(能遍 非認知正因)으로서 "싹은 자성이 없다. 왜냐하면 자성이 하나(一) 혹은 다수 (多) 그 어느 것으로도 존재하지 않기 때문이다."라는 [하나와 다수에서 벗어난 이일다] 논증식이다. 이것은 캐둡제의『공성에 대한 직설-어둠을 멸하는 등불』의 다음과 같은 자세한 설명을 통해 잘 이해할 수 있으리라 생각한다.

'내가 자성으로 존재한다면 [내가] 몸의 안팎이나 상 · 중 · 하 어딘가에 실제로 존재해야 하는데 이 중 어디에도 내가 없기 때문에 나는 자성이 없다.'고 생각하는 것은 공성을 아주 잘못 이해하고 있는 것이다. 내가 자성으로 성립한다면 어떻게 성립하는지 그 존재 방식을 분석해야 한다.

[일반적으로] 존재한다면 하나(一) 아니면 다수(多) 이 둘 중에 어느 하나로 존재할 수밖에 없듯이 실제로 존재하는 것도 실재인 하나와 실재인 다수 둘 중 어느 하나로 존재해야만 한다. 그러나 이 둘 중 어떤 방식으로도 존재하지 않는다면 실제로 존재하지 않아야 한다. 따라서 '하나와 다수에서 벗어나는 논증식(능편 비인지정인)'으로 비실재를 깨닫게 되는 것처럼, 만약 자성으로 성립한다면 성립하는 방식이 하나와 다수 둘 중 어느 하나로 성립해야만 함을 분석해 결단해야 하는데 이 둘 중 어디에서도 성립하는 방식을 찾지 못한다면 없는 것이라고 확신이 생기게 된다.

[반면에] 자성으로 성립한다고 해도 성립하는 방식이 이 둘 중에 있을 필요가 없다고 한 다면, 성립하는 방식이 이 중에 없다는 이유만으로는 자성으로 존재하지 않음을 결단할 수 없다.

라고 말씀하셨다. 이어서

내가 자성으로 성립한다면 내가 내 몸의 안팎이나 상 · 중 · 하 어딘가에 있을 필요가 없다. 왜냐하면 내가 자성으로 존재한다면 내가 내 몸과 자성으로 성립된 하나나 다수 그 어느 하나로 존재해야 하는데, 만약 내가 내 몸과 자성으로 성립된 하나로 존재한다면 내가 내 몸과 둘로 나눌 수 없는 완전한 하나여야 하고, 내가 내 몸과 완전히 하나라고 한다면 나의 존재 방식이 내 몸 어디에 있는지 분석하는 것이 무관한 일이 되며, 또한 '내가 내 몸과 자성으로 성립된 다수로 존재한다고 해도 나와 내 몸이 아무런 관련없이 완전히 다르게 존재해야 하고, 나와 내 몸이 아무런 관련없이 완전히 다르게 존재한다면 나의 존재 방식이 내 몸 어디에 있는지 분석하는 것이 전혀 무관하게 되는 까닭이다.

라고 상세하고 구체적으로 말씀하셨으므로 잘 이해할 수 있다. 이 또한 예를 들어 토끼뿔이 있다면 토끼의 머리 위에 있어야 하는 것이지 토끼의 앞발이나 뒷발 등에 있어야 하는 것이 아닌 것과 마찬가지이다. 앞서 하신 말씀의 근거 또한 월칭보살의 『입중론』에서 밝히고 있다.

온이 다섯 가지로 있기에 한 사람인 나 또한 다섯이 된다.

이와 관련하여 쫑카빠 대사는 『입중론석』에서 다음과 같이 설명한다.

> 이것은 다수인 오온과 나의 본성이 하나(一) 임을 인정하는 정도만으로는 문제가 되지 않으며, 나와 온 둘이 차이가 전혀 없는 완전한 하나(一)라고 인정할 때 문제가 되어 논증식을 제시하는 것이다. 물론 상대가 처음부터 나와 온을 완전한 하나(一)라고 인정하지는 않을 것이다. 세속의 측면에서 [나와 온의] 본성 면에서는 하나이지만 반체(反體, ldog pa)의 측면에서는 각각으로 존재하는 것은 문제가 되지 않지만, 나와 온 둘이 실재한다고 인정하여 나와 온의 본성이 하나라고 하게 되면 결코 둘로 나눌 수 없는 완전한 하나가 될 수밖에 없다는 결론에 도달한다. 그렇다면 온이 다섯 가지인 것처럼 내가 다섯이 되는 허물과 내가 하나인 것처럼 온도 하나가 되어 버리는 모순에 귀결되는 것이다.

라고 말씀하셨다. 나와 내 몸이 실재로 존재한다면 위 인용문에서 설명한 것처럼 실재인 하나나 다수 둘 중 어느 하나로 반드시 성립해야 하며, 그 이치는 다음과 같다. [나와 내 몸이 실재로 존재한다면] 영원히 거짓 없이 변함없는 실재에 머물러야 하는데 그렇다면 어떤 식(識)으로 현현하더라도 다름없이 똑같은 방법으로 취해야 한다.

그러므로 나와 내 몸 둘이 현량의 대상으로 현현할 때 현량에 현현하는 측면에서 각각으로 구별할 수 없듯이 분별식의 측면에서도 이와 같이 [각각으로 구별할 수 없게] 되기에 [나와 내 몸의] 반체 또한 하나가 되어 버린다. 반면 분별식의 측면에서 [나와 내 몸의 반체가] 각각으로 현현하는 것처럼 현량에서도 마치 파란색이나 노란색 같이 각각으로 현현해야 하고 또 그렇게 성립해야 하기에 이것이 요지라고 생각한다.

이러한 분석 방식은 쫑카빠 대사의 『보리도차제광론』의 다음과 같은 내용에서 이해할 수 있다.

> 그렇지 못한 일부 권위 있는 논서에서는 물병 등이 그 부분과 하나인지 혹은 다수인지 분석하는 논리를 무자성을 확정하는 진술의 의미로 잘못 이해하여 물병이 물병의 주둥이나 목 등과 같은 부분들 중 어느 것인지를 분석하여 그 어디에서도 물병을 찾지 못한다면 '물병이 없구나.'라고 확신을 갖는다. 그런 다음 [물병을] 분석한 이에게도 동일한 분석을 적용하여 '분석하는 이 또한 없구나.' 라고 확신하게 된다. 그때 '분석하는 이를 찾을 수 없다면 물병 등

이 없다는 사실을 누가 알 수 있다는 것인가.'라고 판단하여 '있는 것도 아니고, 없는 것도 아니다.'라는 결론에 도달하게 된다. 이와 같이 잘못된 추론 하나로써 전도된 확신에 도달하여 [중관의] 견해를 얻었다고 간주하는 것은 착각이며 이 정도의 이해는 아주 쉬운 것에 불과하다.

위의 요점은 『보리도차제약론』의 다음 구절에서 더욱 명확하게 이해할 수 있다.

둘째는, 앞에서 언급한 부정대상의 범위를 잘 이해하지 못한 채, 대상을 논리적으로 분석하여 [결국] 대상이 해체되어 버린다면 '대상은 없는 것이구나.'라는 생각이 먼저 떠오르게 된다. 그러고 나서 '분석하는 이' 역시 이와 같다고 보아서 [대상의 존재 여부를 확인한] 분석가 또한 존재하지 않기 때문에 어떤 것에서도 '이것이다', '이것이 아니다.'라고 결정할 방법이 사라져 버린다. 그래서 고정되어 있지 않음이 드러나더라도 자성의 유무와 [일반적인] 유무를 구별하지 않은 것에 근거하여 발생했기 때문에 이와 같은 공 역시 연기를 파멸하는 공이 된다.

라고 말씀하셨으므로 잘 이해할 수 있다. 또『보리도차제광론』과『보리도차제약론』에서 다음과 같이 말한다.

> 따라서 논리적인 분석을 통하여 사람 등에 대해 '자신의 본성으로 성립하는 대상에는 존재할 만한 것이 조금도 없다.'라고 생각하는 것과 이를 근거로 고정된 실체가 없다는 사실을 아는 것은 어렵지 않다. 이러한 이해는 중관 교리에 대한 [이해를] 염원하고 무자성의 논리를 설시하는 법을 조금이라도 들은 모든 이에게 생길 수 있는 것이다. 하지만 어려운 점은 (1)자신의 본성으로 성립하는 어떤 것도 없다는 확신과 (2)자성이 없는 사람 등이 업을 쌓는 자, 과보를 받는 자 등으로 간주되는 것에 대해 깊이 확신하는 것, 이 두 가지 견해의 양립을 이해하는 것이 거의 불가능한 것이기에 중관의 견해를 얻기란 매우 어렵다는 것이다.

이 또한 앞서 말한『보리도차제광론』과『보리도차제약론』의 뜻이 무엇인지 매우 알기 어려우나 내가 이해하고 있는 정도로 설명하자면,『보리도차제광론』에서 "그렇지 못한 일부 권위 있는 논서에서는 물병 등이 그 부분과 하나인지 혹은 다수인지 분석하는 논리를 무자성을 확정하는 진술의 의미로 잘못 이해하여"와 "이 정도의 이 해는 아주 쉬운 것에 불과하다"와 『보리도차제약론』에서 "앞에서 언급한 부정대상의 범위를… 이와 같은 공 역시 연기를 파멸하는 공이 된다."와 『보리도차제광론』, 『보리도차제약론』 둘 모두에서 "따라서 논리적인 분석을 통하여 사람 등에 대해 '자신의 본성으로 성립하는 대상에는 존재할 만한 것이 조금도 없다.'라고 생각하는 것"이라고 한 이상의 뜻은 공성의 부정대상을 바르게 인식하지 않았기에 공성을 분석할 때 오류가 생기게 되는 것을 말한다. 이는 보편적으로 존재하는 유(有)와 자성으로 존재하는 유(有), 이 둘의 차이가 크다고 아무리 말해도 피상적인 정도로만 이해하고 내면적인 뜻을 정확하게 이해하지 못한 채 공성을 좋아하고 이에 대해 여기저기서 들어 조금밖에 알지 못하는 나 같은 이를 위해 하신 말씀으로 보인다.

그 뿐만 아니라 앞의 경전의 내용은 중관의 견해는 얻었지만 중관의 견해에 대한 분석이 아직 완전하지 않은 뜻으로 해석하는 경우도 많다고 들었지만 앞서 말씀하신 바와 같이 분석해서 결국 찾아낼 수 없는 정도는 어려운 것이 아니고 어려운 점은 "(1)자신의 본성으로 성립하는 어떤 것도 없다는 확신과 (2)자성이 없는 사람 등이 업을 쌓는 자, 과보를 받는 자 등으로 간주되는 것에 대해 깊이 확신하는 것, 이 두 가지 견해들의 양립을 이해하는 것이 거의 불가능한 것이기에 중관의 견해를 얻기란 매우 어렵다는 것이다."라고 자세하게 말씀하셨기에 어떤 것이 옳은 것인지 아닌지를 잘 이해할 수 있으리라 생각한다.

뜻을 요약하면 마차의 가립된 존재 방식을 승의제 측면에서 분석할 때도 마차가 독립적 또는 자성으로 성립되어 있는지를 분석하는 것이지 마차의 어느 부분을 마차라고 하는지를 분석하는 것은 타당하지 않다. 『중론』 제3장의 주석서에서 논리로 분석하는 것은 눈 등이 자신의 본질로부터 성립된 자성이 있느냐 없느냐를 찾는 것이지 있다 없다 정도를 찾는 것이 아니기 때문이라고 말씀하신 것과 쫑카빠 대사의 『입중론석』의 다음과 같은 내용을 통해 알 수 있다.

> 이와 같이 공성(眞諦)을 분석하는 논리로 속제(俗諦)들을 분석한다면 세간의 명언 즉 세속제의 모든 체계가 무너지게 됨을 알아야 한다.

> 명언으로 성립된 [속제의] 뜻을 진제로 분석하면 안 된다고 거듭 말씀하셨기 때문이다.

이 또한 『입중론』의 "상속을 가진 그들이 서로 각각으로 존재한다."라는 게송에 대한 주석에서 "예를 들어 물병이 자신의 부분을 취하는 자의 측면에서 성립한다는 것과 같다."라는 말씀처럼 마차를 보고 있는 것으로 만족하지 않고 마차의 어느 부분이 마차인지 찾는 것은 세간의 명언과 달리 해석하는 몇 명의 분석자 외에 목동 또한 말하지 않는 것은 분명하다.

그렇다면 『입중론』에서 "마차는 승의제나 세속제의 일곱 가지 면에서 존재하지 않지만"이라는 구절에 대해 『입중론석』에서 "마차는 승의제나 세속제로 가립되는 뜻으로 일곱 가지 측면에서 분석할 때 마차가 성립되지 않지만"이라고 말씀하신 뜻은 이는 가립된 뜻인 마차는 승의제뿐만 아니라 세속제 측면에서도 가립된 뜻을 분석하면 찾을 수 없다는 뜻이지 속제로 분석하는 것이 진실한 뜻을 분석하는 것이라는 의미는 아니다.

그러므로 『입보리행론』 「지혜품」의 "마치 보고 듣는 식(識)들을 여기서 막아야 하는 것이 아니다. 여기서는 고통의 원인이 되는 실집의 분별을 막아야 하는 것이다."라는 게송에 대한 주석에서 마치 안식으로 보는 것과 이식으로 듣는 것, 의식으로 아는 것 등 속제는 여기서 막아야 하는 것이 아니며 막을 필요도 없다. 왜냐하면 이 정도로는 고통을 일으키지 않고 아라 한들께도 그런 것이 존재하기 때문이다. 막을 수도 없다. 왜냐하면 막을 때는 경전과 논 리로 막아야 하는데 그 막는 경과 논리도 똑같이 다른 경과 논리로 막게 되는 것이기 때 문이다. 즉 막는 것의 과실이 있다. 단변론자가 되는 허물이 있기 때문이다. 따라서 여기 서는 고통의 원인이 되는 색 · 성 · 향 · 미 · 촉이 실제로 있다고 분별하는 것을 막는 것이다. 왜냐하면 이런 실집이 윤회의 뿌리이기 때문이다.

라고 말씀하셨으므로 잘 이해할 수 있다. 요약하면 중관학파의 견해를 이해하기 위해서는 예를 들어, 마차에서 마차가 자성으로 성립하는지를 찾은 결과로 마차가 자성으로 존재하지 않음을 알아야만 한다. 이것을 알지못하고 위에서 명시했듯이, 속제의 측면에서 마차에서 마차를 찾아 대상에서 마차를 찾지 못하는 정도만으로 마차의 무자성의 의미를 이해하는 이들은 바른 견해에 도달하지 못했음을 보여준다.

뿐만 아니라 특히 마차가 자성으로 성립된다면 어떤 부분이 마차로 존재하는가를 분석하는 것이나 어떤 부분에서 마차가 성립하는지를 분석하는 것 또한 연기를 파멸시키는 단변에 빠진 공이 되고 공성을 분 석하는 논리가 명언으로 존재하는 속제의 뜻을 분석하는 것이 되기에 이 또한 타당하지 않다고 앞서 인용한 경전을 통해서 잘 이해할 수 있다.

그렇다면 다음과 같은『중관보만론(中觀寶鬘論)』의 게송과

사람은 지(地)도 아니고 수(水)도 아니며
화(火)도 아니고 풍(風)도 아니며
허공(虛空)도 아니고 식(識)도 아니며
모든 것도 아니라면
이 외에 사람이란 무엇인가

사람은 육계(六界)로 가립하기에
실제로 존재하지 않은 것과 같이
마찬가지로 육계 각각 또한
가립해서 존재하기에 실제로 존재하지 않는다

『입보리행론』「지혜품」의 게송에서

> 몸은 발도 아니고 종아리도 아니며
> 허벅지와 허리 또한 몸이 아니네
> 배와 등 역시 몸이 아니며
> 가슴과 어깨 또한 몸이 아니네

라고 말씀하신 것을 어떻게 해석해야 하는가. 이것은『입중론』에서 "온이 다섯 가지로 있기에 나 또한 다섯이 된다."라고 하는 의미에 대해 앞서『입중론석』에서 설명한 바와 같다. 또 걀찹제는『입보리행론광석』에서

> 관절 역시 부분으로 나누고 또 나누어 분석해 들어가 보면 자성으로 성립된 실체가 없 고, 관절의 부분을 다시 극미까지 계속 나누어 분석해 들어가 보면 자성으로 성립된 것이 아무것도 없다.

> 여기서 설명하는 것은『중관보만론』에서 지 · 수 · 화 · 풍 · 공 · 식 육대(六大)가 사람임을 부정하는 것과 같은 의미이다.

라고 하신 말씀 등으로 우리는 사람과 몸의 척추들이 자성으로 성립한다면 실제로 성립해야 하기에 앞에서 밝힌 것과 같이 그

들과 둘이 아닌 하나로 성립해야 되는 것을 밝히는 것이다. 아울러 『정리대해』 제22장의 다음과 같은 내용을 통해서도 잘 이해할 수 있으리라 생각한다.

> 해진(lHas byin)이라는 사람이 소를 가지고 있고 귀를 가지고 있다고 할 때의 '소유 방식'처럼 '여래가 온을 가지고 있다.'고 하는 것 역시 본질적으로 가지고 있다는 것이 아니다. 왜냐하면 [여래는 온과] 자성으로 다수(多) 혹은 하나(一) 그 어느 것으로도 성립하지 않기 때문이다. [하나와 다수, 所衣와 能依, 소유 다섯 중에] 나머지 셋(소의와 능의, 소유)은 첫 번째(하나)나 두 번째(다수)에 포함되기에 하나(一)와 다수(多)로 분석하는 부분에 포함되지만, 살가야견이 아(我)를 취하는 방식에 따라서 본 장(22장)과 제10장에서 다섯 종류로 설한 것이다.

그렇다면 진실성립이 되는 것을 두 가지로 말씀하시기에 "물병 등을 정리지 또는 문 · 사 · 수로 공성을 분석하는 지혜의 대상으로 존재하는 것 또한 승의제로 존재한다."라는 말씀의 뜻이 무엇인가. 공성을 분석하는 지혜의 대상으로 있다는 것은 승의제로 있다고 하는 것으로 이는 승의제의 개념 정도를 말씀하신 것으로 이해해야 한다. 물병 등을 문사수로 공성을 분석하는 지혜의 대상으로 여기는 것은 궁극적인 지혜로 분석할 수 있다는 것을 의미하는 것이지 이를 실집이라고 주장하는 것은 타당하지 않다. 이 또한『밀의해명』에서 "전자의 유집(有執)은 선천적인 실집이 아니다."라고 말씀하셨기에 실집이라면 그의 주된 대상과 선천적인 실집의 주된 대상이 동일해야 하고, 이 두 가지 대상을 막는 두 가지 공성 또한 조금의 차이도 없다는 것을 반드시 이해해야 한다.

그렇다면 유부가 물병을 속제로 보는 것과 다른 차이는, 예를 들어 금으로 된 물병을 망치로 부수고 분석해 보아 예전의 독립적인 물병이 있는지 없는지를 분석하는 것이 아니고, 그 물병의 작은 부분 하나하나가 금인지 아닌지와 물병인지 아닌지를 분석하면 금이고 물병이 아님을 알게 될 때 금으로 된 물병이 근취인(近取因)인 금인 측면은 승의제이며 물병인 측면은 세속제라고 말씀하셨기 때문에 앞서 말한 것과 절대로 같지 않다. 이제까지 위에서 밝힌 내용의 핵심은『정리대해』제18장에서 다음과 같이 말한다.

이와 같이 내가 자성으로 성립한다면 나와 온 둘이 자성으로 성립된 하나(一)나 다수(多) 중 어느 하나로 존재해야 한다. 그러나 이 두 가지 방식 모두가 논리적으로 타당하지 않음을 알게 되면, '나'는 조금도 자신의 본성으로 성립하지 않는다는 확신을 얻게 된다. 이것은 선천적인 살가야견(俱生壞聚見) '나'라고 집착하는 대상의 무자성을 깨달은 것이다.

이 구절과 다른 경전의 근거들에 의해 앞서 캐둡제가 명시한 의미에 대해 깊은 믿음이 생기게 되고 이와 같이 이해할 수 있기를 크게 발원하며, 여든 아홉이 되는 해에 쓴 것으로 길상과 원만이 더욱더 증장하게 하소서.

이 글은 자신이 이해한 뜻을 잊지 않게 하고 나와 동등한 행운을 가진 몇 명에게 도움이 될 수 있다는 생각으로 게쎄 빨댄 닥빠가 2021년 6월 1일 쓰고, 한국티벳불교사원 게쎄 쏘남걀챈이 2021년 6월 13일 번역하다. 이 공덕으로 어머니였던 모든 중생에게 공성의 올바른 견해가 속히 일어나기를 삼보전에 간절히 기원하나이다.

17
진정한 평화와 행복의 바탕과 뿌리인 자비에 대하여

인도의 위대한 논사 월칭보살께서『입중론』에서 다음과 같이 말씀하셨다.

> 오직 대비심만이 원만한 부처의 과위를 이룸에 처음에 종자와 같고, 중간에 자라게 하는 물과 같고, 마지막에 함께 열매를 나누는 것과 같기에 저는 가장 먼저 대비심을 찬탄하 나이다.

대비심(大悲心)은 부처님의 원만한 결실의 씨앗 혹은 뿌리와 같다. 그래서 비심은 처음에도, 중간에도, 마지막에도 중요하다. 처음에 중요한 것은 비심이 부처님의 원만한 과위가 생기지 않은데서 생기게 하기에 씨앗과 같다. 중간에 중요한 것은 비심이 육바라밀 등 보살행의 실천을 더욱더 증장시키므로 씨

앗이 자라나게 하는 물과 같기 때문이다. 마지막에도 중요한 것은 비심이 모든 중생에게 부처님의 감로와 같은 법을 오래도록 듣고 배울 수 있게 하므로, 여러 사람과 함께 결실을 나눌 수 있기 때문이다. 대비심이 있기에 부처님의 설법으로 오늘날까지 불법이 이어지고 있으므로, 대비심이 처음에도, 중간에도, 마지막에도 중요하다고 하는 것이다. 그래서 가장 먼저 월칭 보살께서 이 논서의 처음에 크나큰 믿음과 존경으로 대비심을 찬탄하시고 있는 것이다.

이와 마찬가지로 우리도 대비심에 관해 환희의 믿음, 확신하는 믿음, 추구하는 믿음 등 세 가지 믿음을 바르게 일으키는데 정진해야 한다. 그러므로 먼저 대비심을 바르게 인식하는 것이 중요하다. 이를 위해 다음과 같이 1. 대비심의 정의, 2. 대비심의 분류, 3. 대비심이 생기는 원인, 4. 대비심이 생겼다고 할 수 있는 기준, 5. 대비심을 논리로 증명하기, 6. 대비심을 닦는 방법, 7. 대비심을 익히는 차제 등 일곱 가지 관점에서 대비심을 설명하겠다.

1. 대비심의 정의

일체중생을 대상으로 모든 허물과 고통으로부터 완전하게 벗어나기를 바라는 마음이 가슴속 깊이 저절로 생긴 연민심을 '대비심(大悲心)'이라고 한다. 일체중생을 대상으로 모든 이익과 행복을 갖게 되기를 바라는 마음이 가슴속 깊이 저절로 생긴 자애심을 '대자심(大慈心)'이라고 한다. 이 둘의 차이점은 대비심이 모든 허물에서 벗 어나기를 바라는 마음인 반면, 대자심은 모든 이익을 갖추기를 바라는 마음이라는 점이다.

2. 대비심의 분류

대비심은 중생을 대상으로 하는 대비심(중생연자비衆生緣慈悲), 법을 대상으로 하는 대비심(법연자비法緣慈悲), 무자성을 대상으로 하는 대비심(무연자비無緣慈悲) 등 세 가지로 나눌 수 있다. 이 세 가지 대비심의 차이는 다음과 같다. 첫째로 중생이 무상(無常)이나 무자성(無自性)임을 깨닫지 않고 일으킨 대비심을 '중생연자비'라고 하고, 둘째로 중생이 무자성임을 깨닫지 않고 무상임을 깨달은 지혜로 일으킨 대비심을 '법연자비'라고 하며, 셋째로 중생이 무자성임을 깨달은 지혜로 일으킨 대비심을 '무연자비'라고 한다.

이 또한 첫째로 모든 중생이 윤회의 고통에서 벗어났으면 하는 정도의 대비심과, 둘째로 중생들이 무상(無常)인데 상(常)이라고 착각하여 괴로워하는데서 벗어났으면 하는 정도의 대비심과, 셋째로 중생들이 무자성인데 자성이 있다고 착각하여 괴로워하는 데서 벗어났으면 하는 대비심을 순서대로 세 가지 비심의 정의로 보아도 된다고 생각한다.

3. 대비심이 생기는 원인

대비심은 어떤 공통적이지 않은 주된 원인에서 생겨나는가? 나를 비롯한 일체중생은 그 생의 시작이 없기에 나의 어머니였던 적이 없는 중생은 아무도 없으며, 모든 중생이 이번 생의 어머니와 다를 바 없다고 확신하는 ① 지모(知母)와, 내 어머니였을 때 자신이 할 수 있는 최선을 다해 모든 이익과 행복을 다 베풀어서 온갖 해침과 고통에서 지켜주신 은혜를 기억하는 ② 염은(念恩)과, 과거에 내가 행복을 여의고 고통으로 괴로워할 때 자신의 몸과 목숨까지도 아낌없이 내놓으면서 자식이 고통에서 벗어나 행복하길 바라는 마음으로 수없이 많이 베풀어 주신 분이기에 어떻게 해서라도 그 은혜를 반드시 갚아야겠다고 생각하는 ③ 보은(報恩)과, 특히 모든 중생을 항상 귀하고 소중하게 여기는 ④ 자심(慈心) 등 이 네 가지에서 비심(悲心)이 생겨난다고 한다.

이 또한, 은혜롭고 나이 드신 어머니였던 모든 중생이 매우 소중하고 귀하다고 반드시 기억해야 한다. 과거에 내가 몹시 힘들고 어려울 때 큰 은혜를 베풀어 주셨던 분들이 지금은 과거의 나와 같은 어려운 처지에 놓인 것을 알아야 한다. 그들은 내가 반드시 은혜를 갚아야 할 고마운 분들이므로, 모든 중생이 소중하고 귀하다고 하는 이유에 관해 거듭거듭 사유해야만 대비심이 일어난다고 생각한다.

4. 대비심이 생겼다고 할 수 있는 기준

일반적으로 대비심 등 마음을 닦는 '로종' 수행을 할 때 다음과 같은 세 가지 경우가 있다고 생각한다. 첫째로 남을 흉내 내거나 말 로만 할 뿐 자신의 마음을 고치지 않고 그럴 듯하게 거짓으로 꾸미는 경우와, 둘째로 첫째와 같이 꾸밈없이 진심으로 마음을 닦는 수행을 하고는 있지만, 저절로 일어날 정도로 꾸밈없는 경험에는 도달하지 못한 경우와, 셋째로 마음을 닦는 수행이 저절로 되어 꾸밈없는 경험에 도달한 경우이다.

이 중에서 첫 번째 경우는 대비심이 전혀 아닐 뿐만 아니라, 두 번째 경우도 진정한 대비심이 아닌 가립된 대비심 정도로 볼 수 있으며, 진정한 대비심을 일으키려면 세 번째 경우와 같이 저절로 꾸밈없는 경험에 도달할 수 있을 정도로 마음을 닦아야 한다. 이 또한 대비심이 노력 없이도 자연스럽게 저절로 일어나는 상태가 되어야만 진정한 대비심이 일어났다고 말할 수 있다.

5. 대비심을 논리로 증명하기

이와 같이 자연스럽게 저절로 일어나는 꾸밈없는 대비심이 생길 수 있는 논리적인 이유는 무엇인가? 이에 대해 일반적으로, 위대한 적천보살의『입보리행론』에서 “익숙해지면 쉬워지지 않는 그 어떤 것도 존재하지 않는다."라고 하고, 논리에 정통한 위대한 법칭 보살의 『양평석(量評釋)』에서도 "마음이 자비 등에 익숙해지면 저절로 생기게 된다."라고 하는 등으로 논리적인 이유를 들어 자세히 설명하셨다. 핵심을 간추리면, 꾸미지 않은 대비심이 생길 수 있는 근거를 다음과 같이 바른 논리로 증명할 수 있다고 생각한다.

주장: 모든 중생이 고통에서 벗어나기를 바랄 때 노력해야 생기는 비심을 논제로 삼아 [비심을] 익숙하게 하려고 하는 조건들을 빠짐없이 닦고 익힌다면 [비심은] 저절로 생길 수 있다.

이유: 왜냐하면 의지처인 마음이 견고하고, 익숙해지면 노력이나 반복할 필요 없이 저절로 생기는 것이 마음의 특성이기 때문이다.

비유: 예를 들면 집착과 같이.

6. 대비심을 닦는 방법

무아를 닦는 것과 같이 대상을 뚜렷하게 보는 것을 위주로 하는 경우에는 주로 족곰(집중명상)을 해야 하고, 자비를 닦는 것과 같이 마음의 힘을 증장시키려고 하는 경우에는 주로 여러 가지 이유에 관해 분석하는 쬐곰(분석명상)을 해야 한다. 이 또한 무시이래로 모든 중생이 헤아릴 수 없을 정도로 많이 나의 은혜로운 부모였다고 거듭거듭 사유해서 대비심을 길러야 한다고 생각한다.

7. 대비심을 익히는 차제

대비심을 닦는 초심자는, 먼저 자신의 은혜로운 부모나 일가친척, 친구 등을 대상으로 비심을 닦고, 그 다음에 자신을 도와주거나 해친 적이 없는 주변 사람들을 대상으로 닦고 난 뒤, 크고 작은 해침을 준 원수에 대해서도 비심을 닦아야 한다. 또는 다양한 병에 걸리고, 배고프거나 목마르고, 덥거나 춥고, 법의 처벌을 받고, 도살장에서 죽임을 당하고, 폭행을 당하는 등의 고통을 받거나, 지수화풍으로 인한 큰 재난으로 고통받는 수많은 중생들을 사유하고, 이들이 모든 고통에서 벗어나 진정한 행복을 얻기를 발원해야 한다. 그 뒤 업과 번뇌의 힘에 끌려가는 삼계의 모든 중생이 모든 허물과 고통에서 벗어나 모든 행복과 이익을 얻기를 간절히 바라는 마음이 가슴속 깊이 우러난 대자대비심이 일어나도록 노력하고, 이에 익숙해져야 한다고 생각한다.

이와 같은 대비심이 우리 모두에게 바르게 일어나도록 크나큰 발원과 함께 게쎼 빨댄닥빠가 2011년 8월 3일 이 글을 쓰고 2017년 8월 25일에 다시 교정하다. 이 공덕으로 길상과 행복이 늘어나게 하소서.

한국티벳불교사원 광성사 주지 게쎼 쏘남걀챈이 2021년 1월 28일 단번에 번역하다. 이 공덕으로 어머니였던 모든 중생에게 대자대비의 마음이 속히 일어나기를 삼보전에 간절히 기원하나이다.

18
보리심을 닦는 방법의 요지

위에서 명시한 바에 따라서 발보리심에 들어가는 방식을 알아야 한다. 보리심이란, 『현관장엄론(現觀莊嚴論, *Abhisamayālaṅkāra*)』에서 "보리심은 이타를 위해 원만구족한 보리(정등각)를 구하는 것이라네."라고 설하는 바와 같이 이타를 위하여 정등각을 목표로 삼고, 발보리심에 도움을 주는 [일체지를 이루려는] 열망과 동반되는 주(心王) 의식(意識)이어야 한다. 이 의식은 대승에 입문하는 기준점이 된다. 보리심은 이와 같은 특성(이타심인 중생을 위해 붓다의 경지를 이루려는 마음)을 갖춘 것으로 이해해야 한다.

보리심을 일으켰을 때 발생하는 무량한 이익에 대해서 『입보리행론』에서는 다음과 같이 설명한다.

금을 만드는 용액이 최상의 가치를 지닌 것처럼, 부정한 이 몸을 가지고 승리자의 몸이 되면 부사의한 가치를 지니게 되니, '보리심'이라는 것을 매우 견고히 지녀야 하네.

이와 같은 마음을 닦기 위해서는 어떤 방식으로 들어가야 하는가? 뻰첸 쏘남닥빠의 『양평석 주석서(*Tshad ma rnam 'grel gyi dka' 'grel dgongs pa rab gsal*)』에서는 "보리심을 닦는 구결(口訣)에 따라 수양하는 것에 의해서"라고 설명한다. 그렇다면 그 '구결'이란 어떠한 것이어야 하는가? 요지는, 중생을 매우 아끼고 소중히 여기는 유쾌한 마음을 일으켜야 한다는 것이다.

유쾌한 마음을 일으키는 방법에 대해서는 성현들의 두 가지 방편이 전해진다. 하나는 월칭 논사께서 설하신 '일체중생이 나의 부모였던 이치를 사유하는 구결(7종인과법)'이고, 다른 하나는, 대보살이신 샨티데바와 그 제자들이 전승한 자타상환(自他相換)법으로 보리심을 일으키는 방식이다. 이 두 가지 방식은 예근기와 둔근기에 의한 구분이 아니다. 이것은 7종인과법으로 보리심을 발하는 방식을 설한 월칭 논사의 견해를 통해 이해할 수 있다고 생각한다.

뿐만 아니라, 발보리심을 일으키는데 있어서 이 두 가지 방식 모두를 갖추어야 한다는 것은 명백한 사실이다.(이 두 가지 방식의 실제 의미에는 차이가 없다.) 이는 제 쫑카빠의『다섯 단계를 밝힌 등불(*Rim lnga gsal sgron*)』에 기술된 다음의 구절을 통해 이해할 수 있을 것이다.

> 이것(발보리심을 일으키는 방식)은 미륵보살에서 무착보살로 전승되는 계보와 문수보살에서 용수보살로 전승되는 계보, 그리고 샨티데바의 전승 계보 등 세 가지의 물줄기가 어우러진 가르침으로서, 금강승이나 반야승 등 어떤 길에 들어서더라도 반드시 닦아야 한다고 아띠샤 존자께서 말씀하셨다.

그렇다면, 7종인과법의 구결에서 일체중생을 나의 어머니로 아는 지모(知母)는 어떠한 것인가? 중생은 그 누구라도 필연코 자신의 부모였던 경험이 있는 존재라는 사실을 사유하여, 내가 태어난 이후에 발생한 현재의 노모를 보고서 '이 분은 나의 어머니이다.'라는 생각을 일으키는 것이다. 이 때 생각을 일으키는 대상은 노모 자체가 아니라, 노모의 육신과 마음의 흐름과 동일 선상에 있는 [나를 낳은] '여성'을 대상으로 하여 발생한 것이다. 이와 같은 이치를 이해해야 한다.

또한 자타상환의 구결에 대한 가르침 중에는 자신을 아끼는 마음과 타인을 아끼는 마음을 규정하는 다양한 방식이 존재한다. 필자의 생각은 다음과 같다. 자신을 아끼는 마음으로 인해 자신을 소중하다고 여기는 것이고, 타인을 아끼는 마음으로 인해 타인을 소중하다고 여기는 것이기 때문에 이 두 가지 식 모두 올바른 식이라고 생각한다. 즉, 자타상환이란 나보다 다른 이를 더 아끼는 마음과 다른 이보다 자신을 더 아끼는 마음을 맞바꾸어 변화시키는 것을 말한다고 생각한다.

그러므로 대승의 종성을 지닌 이들은 자신을 소중하게 여겨야 하며, 그렇게 여기는 마음 또한 존재한다. 하지만 다른 이보다 자신을 더 소중하게 여기는 것은 타당하지 않기 때문에 이를 제거해야 한다. 소승의 종성을 지닌 이들에게는 다른 이보다 자신을 더 소중하게 여기는 인식이 존재한다. 그들에게 이와 같은 인식은 불합리한 것이 아니기 때문에 이를 제거하기 위해서 대치법에 의지할 필요는 없다. 요컨대, 자타상환을 이와 같은 의미로 이해해야 한다고 생각한다.

유쾌한 자애심을 입증하는 논증식은 다음과 같다.

주장: 나를 가슴 깊이 사랑하고, 소중히 여기는 믿음을 가지고 염원을 일으킨 모든 어려운 중생들은 매우 소중하고 귀중하다고 생각해야 한다.

이유: 왜냐하면 견디기 어려운 괴로움이 강하게 몰아쳐 고통을 겪고 있으며, 나에게 간절하게 소망하기 때문이다.

비유: 예를 들면, 늪에 빠진 참새 무리가 나에게 희망을 품듯이.

이 논증식은 논리적으로 합당하다고 생각한다.

"보배로운 최상의 보물인 보리심, 생기지 않은 것들 생기게 되고
생긴 것 줄어들지 않고 더욱 더 늘어나게 하소서."

이 글은 게쎄 빨댄닥빠가 2023년 9월 15일 금요일에 저술하였다. 이 공덕으로 길상과 원만이 더욱더 증장되길 기원하나이다.

19
출판 공덕 회향문

증득해탈(證得解脫)의 적멸의 바다가 한 맛(一味)으로
어우러져 한없는 법의 방식을 이어 온 강물,
어구(語句)의 사소한 부분마저도 삼독(三毒)의
때를 완전히 씻어주는 선설(善說)의 이 감로를
출판하여 생긴 순백의 공덕을 쌓은 힘으로
수천억 개의 정법(正法)의 문이
활짝 열려 육도(五道)의 중생들이 남김없이
해탈의 보고(寶庫)에서 주인이 되게 하소서.

위 글은 불교의 종의를 설한 정법의 가르침을 담은 글을 출판하거나, 앞으로 출판될 책에 첨부하는 공덕 회향문이다. 법왕이신 14대 달라이라마 땐진갸초께서 지으셨다.

원서 原書

སྔོན་བརྗོད།

ཡོངས་ཀྱི་དགེ་བའི་བཤེས་གཉེན་ཆེན་པོ་དགེ་བཤེས་དཔལ་ལྡན་གྲགས་པ་མཆོག་གིས་དེ་སྔོན་ལེགས་བཤད་དད་པའི་མཛེས་རྒྱན་ལ་སོགས་པའི་གཞུང་ཆེན་པོའི་དཀའ་གནད་ལས་བརྩམས་པའི་གསུང་རྩོམ་ཕྱོགས་བསྡེབས་ཆེ་ཆུང་དུ་མ་ཞིག་ཡོད་པ་དེ་དག་ལས་འགའ་ཞིག་སྐད་ཡིག་འདྲ་མིན་ནང་དུ་བསྒྱུར་ཟིན་པར། དབྱོད་ལྡན་གང་མང་དང་ཁྱད་པར་དུ་མཐོ་སློབ་སོགས་སུ་དོན་གཉེར་ཅན་མང་པོ་ཞིག་ལ་ཕན་ཐོགས་གང་ལེགས་བྱུང་ཡོད།

དེ་ལ་དོན་གཉེར་ཅན་ལ་ལས་དེ་དག་ཁ་གསལ་དུ་གཏོང་དགོས་ཚུལ་གྱི་སྐུལ་མ་ཡང་ཡང་བྱུང་བར་བརྟེན།   ད་ལན་དབུ་མའི་དཀའ་གནད་ཀྱི་སྙིང་པོར་རྟོག་འཆར་དུ་བཀོད་པ་དབྱོད་ལྡན་མཉེས་བྱེད་དང་། དེའི་ཁ་སྐོང་སྟོང་པ་ཉིད་ཀྱི་ངོ་སྤྲོད་གཅེས་བསྡུས། ཞི་བདེ་དམ་པའི་གཞི་རྩ་བྱམས་སྙིང་རྗེ་དང་བྱང་ཆུབ་ཀྱི་སེམས་སྒོམ་ཚུལ་བཅས་ཕྱོགས་བསྡུས་འདི་བཞིན་

དཔར་བསྐྲུན་བགྱིས་པ་ལགས།

འདི་ལ་ཀོ་རེ་ཡ་གནས་བཞུགས་ན྄་སྟོད་མཁན་རིན་པོ་ཆེ་དགེ་བཤེས་ལྷ་རམས་པ་བསོད་ནམས་རྒྱལ་མཚན་མཆོག་གིས་ཞིབ་གཟིགས་ཐོག་དགའ་དང་སྤྲོ་གསུམ་གྱི་སྒོ་ནས་འདི་ཉིད་དཔར་བསྐྲུན་གང་མང་ཞིག་བགྱིད་ཐུབ་ན་འགྲོ་གྲོན་ཅི་དགོས་གནང་རྒྱུ་ཡིན་ཞེས་གསུངས་པ་ཇི་བཞིན་བགྱིས་པ་ལགས་སོ།།

ཐྲན་གྱི་ལོ་རྒྱུས།

ཐྲན་རང་ལོ་བཅུ་གསུམ་སོན་པར་གཞིས་དགོན་དུ་བསྡུས་གྲྭ་དང་། བློ་རིག རྟགས་རིགས་སོགས་ལ་སྦྱངས་འབྲས་རྒྱུགས་འབུལ་ཞུས་པར་ཚོགས་དབུས་སུ་གཟེངས་རྟགས་ཀྱང་བསྩལ་སོན་བྱུང་།   རང་ལོ་བཅོ་བརྒྱད་ལོན་སྐབས་དབུས་སུ་སླེབས་ཤིང་མཁས་མང་བློ་གསལ་གླིང་གྲྭ་ཚང་དུ་དབུ་ཕར་ཚད་མ་སོགས་ལ་སྦྱངས་བརྩོན་གང་ལེགས་བགྱིས། རང་ལོ་ཉེར་བདུན་ཐོག་དུས་ཟིང་བྱུང་སྐབས་རྒྱ་གར་དུ་སྐྱབས་བཅོལ་ལ་སླེབས་ཏེ་སྦག་ས་ཆོས་སྒར་ཚུགས་པར་སླར་ཡང་སློབ་གཉེར་གྱི་འགྲོ

བསྐྱངས།

དེའི་རྗེས་གདན་ས་ཁག་ལྷོ་ཕྱོགས་གཞིས་ཆགས་སུ་གནས་སྡོས་བྱས་ཏེ་སློབ་གཉེར་རྒྱ་ཆེར་འཕེལ་བར་རང་ཉིད་ཀྱང་སློབ་གཉེར་ལ་མཇུག་སྐྱོང་བྱས། རང་ལོ་ཞེ་གསུམ་ཐོག་དགེ་ལྡན་ལུགས་བཟང་གཙུག་ལག་སློབ་གཉེར་ཁང་དུ་རྒྱུགས་འབུལ་ལེགས་པར་བྱས་ནས་དགེ་བཤེས་ལྷ་རམས་ཨང་དང་པོའི་མཚན་གནས་ཐོབ།

དེའི་རྗེས་གདན་སར་སློབ་གཉེར་བ་མང་པོ་ཞིག་གི་ཐུགས་འདོད་ལྟར་རང་ལོ་ (༤༧) བར་དུ་སློབ་ཁྲིད་དང་། དེའི་ཞོར་དུ་གཞུང་ཆེན་མོའི་དཀའ་གནད་ལ་དོགས་འཆར་གང་བྱུང་རིགས་ཕྱོགས་བསྒྲིགས་བགྱིས་དང་བགྱི་བཞིན་པ་བཅས་ལགས་སོ།།

IV

དབུ་མའི་དཀའ་གནད་ཀྱི་སྙིང་པོར་རྟོག་འཆར་དུ་བཀོད་པ་དཔྱོད་ལྡན་མཉེས་བྱེད།

མཆོད་པར་བརྗོད་པ།

གཞི༷་མཆོག་བདེན་གཉིས་ཟུང་འབྲེལ་ལེགས་བསྟེན་ནས།།
ལམ༷་མཆོག་ཐབས་ཤེས་ཟུང་འབྲེལ་ལེགས་བསྒོམས་པས།།
འབྲ༷ས་མཆོག་སྐུ་གསུ༷མ་གི་འཕང་ལེགས་བརྙེས་པའི།།
སྐྱབས་མཆོག་སྟོན་པ་ཉིད་ལ་ལེགས་པར་འདུད།།

རྟེན་འབྱུང་གསལ་མཛད་ཀླུ་སྒྲུབ་ཡབ་སྲས་དང་།།
སངས་རྒྱས་བསྐྱངས་དང་དཔལ་ལྡན་ཟླ་བའི་ཞབས།།
ཞི་བ་ལྷ་དང་ལེགས་ལྡན་ཞི་འཚོ་སོགས།།

འཕགས་ཡུལ་པཎ་གྲུབ་རྣམས་ལ་གུས་པས་འདུད།།

སྟོང་དང་རྟེན་འབྱུང་ཚེས་མ་ཐུན་གསལ་མཛད་པའི།།
རྗེ་བཙུན་བློ་བཟང་གྲགས་པ་ཡབ་སྲས་དང་།།
རབ་འབྱམས་གཞུང་སྨྲ་པཎ་ཆེན་བསོད་གྲགས་སོགས།།
དངོས་བརྒྱུད་བླ་མ་རྣམས་ལ་གུས་བཏུད་ནས།།

བསྟན་པའི་སྙིང་པོ་རྟེན་འབྱུང་སྟོང་ཉིད་ལ།།
མཁས་པའི་བྱ་བའི་རྗེས་སུ་བགྱི་ཁུལ་འདིས།།
ཉེས་ཚོགས་དག་ཅིང་དགེ་ཚོགས་འཕེལ་ཕྱིར་དང་།།
བདག་དང་བདག་འདྲ་ཕན་ཕྱིར་འདི་འབྲི་འོ།།

གླེང་སློང་བ།

དེ་ལ་ཐུན་ཀྱིས་རྗེ་ཡབ་སྲས་ཀྱི་གསུང་ལས་བདག་མེད་བསྟན་པའི་
ལུང་ཞིབ་གསལ་འགའ་ཕྱོགས་བསྡུས་ཤིག་བྲིས་པ་སྐད་ཡིག་འདྲ་མིན་

འགར་བསྒྲུར་བ་དེ་བཞིན་དུ་ཡུལ་གྲུ་གང་མང་དང་མདོ་སློབ་སོགས་སུ་དོན་གཉེར་ཅན་དུ་མ་ལ་ཕན་ཐོགས་གང་ལེགས་བྱུང་འདུག་པར་རྗེས་སུ་ཡི་རང་སྐྱེས་བྱུང་ལགས།

ཡང་འགའ་ཞིག་གིས་འདི་ནི་ཚིག་བསྡུས་དྲགས་པས་གོ་དཀའ་བར་འདུག་ན། དེའི་སྐོར་ཚིག་དོན་གང་གི་ཐོག་ནས་གསལ་བཤད་ཅིག་དགོས་ཚུལ་སྐུལ་མ་འགའ་བྱུང་བར། ཕྱན་རང་ལོ་ན་རྒས་ལ་འབྱུང་ཁམས་བདེ་མིན་གྱིས་དྲན་པ་མི་གསལ་བས་བྱ་བ་འདི་ལ་འཇུག་པའི་སྤྲོབས་པ་དམན་ཡང་། རྩ་འཇུག་གི་རྣམ་བཤད་ཆེན་མོ་གཉིས་ཀར་མདོ་ལུང་མང་དུ་དྲངས་ཏེ་བསོད་ནམས་ལྷ་བས་ཆེན་གསོག་པ་དང་། ཉེས་ཚོགས་རྒྱུད་པ་ཐམས་ཅད་སེལ་བ་ལ་བདག་མེད་སྟོན་པའི་གསུང་ཚིགས་བཅད་གཅིག་ཙམ་གྱི་དོན་ལ་ཡང་ཐོས་བསམ་གང་ནུས་བྱེད་པ་ལས་ལྷག་མེད་པར་གསལ་བར་གསུངས་ཡོད་པར་ཡང་ཡང་ལེགས་མཐོང་བྱུང་།

གཞན་ཡང་བདག་ལྟ་བུ་རྣམས་ཀྱིས་སྦྱོམ་པའི་རིགས་མང་པོ་ཞུས་ཟིན་ཀྱང་། བྱ་དགོས་མ་བྱས་པ་དང་། བྱ་མིན་བྱས་པའི་ཉེས་ལྟུང་ཆར་བཞིན་འབབ་སྲུས་ལ། དེ་རྣམས་དག་བྱེད་དུ་བདག་མེད་པའི་དོན་ལ་ཐོས་བསམ་བྱེད་པ་ཡང་གཞུང་ཆེན་མོ་རྣམས་སུ་བགྲངས་པ་དང་། དེར་མ་

ཟད་སྙིགས་མའི་དུས་འདིར་དཀར་ཆོས་བསྒྲུབ་པ་ལ་མི་དང་མི་མ་ཡིན་པས་ཉེར་འཚེ་མང་དུ་བྱུང་བས། སེལ་བྱེད་ལ་བློ་སྦྱོང་དོན་བདུན་མས། སྟོང་ཉིད་སྲུང་བ་བླ་ན་མེད།། ཅེས་སོགས་གསུངས་པའི་ཕན་ཡོན་རྣམས་འབྱུང་བའི་རེ་སྨོན་དང་བཅས་ཤིང་། འདི་ལ་ལུང་ཁུངས་ཇི་སྙེད་འཚོལ་བ་དང་ཡིག་འགོད་ཀྱི་རིགས་ཕན་བྱེད་པོ་ལེགས་པར་བྱུང་བའི་མཐུན་རྐྱེན་ཚང་བ་ལ་བརྟེན་ནས་བཞེས་གཉེན་དམ་པ་རྣམས་ལ་སྒྲུབ་པའི་མཆོད་སྤྲིན་དུ་འགྱུར་བའི་རེ་བས་རང་བློར་འཆར་ཚུལ་འདི་བཞིན་འབྲི་བ་ལ་གུས་སྦྱོར་རབ་ཏུ་བརྟས་སོ།།

སྟོང་ཉིད་ཀྱི་དགག་བྱ་ངོས་འཛིན་ཚུལ་ལ་དཔྱད་པ།

འདི་གཉིས། གཞན་གྱི་འདོད་ཚུལ་འགོག་པ། རང་གི་འདོད་ཚུལ་བརྗོད་པ། དང་པོ་ནི། ལ་ལས་སྟོང་ཉིད་ཀྱི་དགག་བྱ་ངོས་འཛིན་ཚུལ་ལ། ཏིང་ངེ་འཛིན་རྒྱལ་པོའི་མདོ་ལས། སུ་དག་བུད་མེད་འདུ་ཤེས་ན།། དེ་དག་འདོད་ཆགས་རབ་ཏུ་འཕེལ།། འདུ་ཤེས་དག་ནི་རྣམ་བཞིག་ན།། འདོད་

ཆགས་ཀྱིས་ནི་གོས་མི་འགྱུར།། ཞེས་སོགས་དྲངས་ཏེ། ཡུལ་དེས་རང་ལ་འདོད་དོན་སྒྲུབ་པ་དང་། གནོད་འཚེ་བྱེད་པར་འཛིན་པས་ཆགས་སྡང་འདྲེན་པར་གསལ་བས་གཞི་གང་ཞིག་ཡིད་ལ་བྱེད་ན་ཆགས་སྡང་འདྲེན་པས། གང་ཡང་ཡིད་ལ་མི་བྱེད་པ་དེ་གོམས་ན་ཆགས་སྡང་འགྲིབ་པར་གསལ་བར་མངོན་པས་གང་ཞིག་ཡིད་ལ་བྱེད་པའི་ཡུལ་དེ་སྟོང་པ་ཉིད་ཀྱི་དགག་བྱར་སྨྲ་བར་ཐོས་ཀྱང་། དེ་ནི་བདག་ལ་བློ་ཁ་མ་ཕྱོགས་པ་ཙམ་ལས་བདག་མེད་ལ་ཞུགས་པ་མིན་པས་གནས་སྐབས་ཆགས་སྡང་མི་སྐྱེ་བར་ཙུང་ཟད་ཕན་ཡང་རྗེས་སུ་སླར་ཡང་ཡུལ་དེ་འདྲ་མཐོང་དུས་སྔར་ལྟར་ཆགས་སྡང་ཆེས་འཕེལ་བར་འགྱུར་བ་ཉམས་མྱོང་ནས་གསལ།

དེས་ན་མདོ་ལས། སུ་དག་བུད་མེད་འདུ་ཤེས་ན།། ཞེས་སོགས་ཀྱི་དོན་ནི་ཟག་བཅས་ཀྱི་ཤེས་པ་ལ་ཇི་ལྟར་སྣང་བ་ལྟར་གྱིས་འདུ་ཤེས་སྐྱེས་ན་ཆགས་སྡང་འཕེལ་བར་བསྟན་པར་གོ་དགོས་པར་ཡིན་ལ། གཞན་དུ་ན་སྤྱོད་འཇུག་ཤེས་རབ་ལེའུ་ལས། ཇི་ལྟར་མཐོང་ཐོས་ཤེས་པ་དག། འདི་ནི་དགག་པར་བྱ་མིན་ཏེ།། འདིར་ནི་སྡུག་བསྔལ་རྒྱུར་གྱུར་པ།། བདེན་པར་རྟོག་པ་བཟློག་བྱ་ཡིན།། ཞེས་གསུངས་པའི་རྒྱ་འགྲེལ་ཀུན་དང་འགལ་བར་འགྱུར་བར་སེམས།

དེར་མ་ཟད། དེ་ལྟར་འདོད་ན་ལས་དགེ་སྡིག་སོགས་ཀླད་དོར་གྱི་གནས་ཡིན་མིན་གང་ཡང་འཛིན་པར་མི་རིགས་པར་འགྱུར་བས་དེ་ཡང་འགོག་དགོས་ལ། དེ་འགོག་ན་ལུང་རིགས་ཀྱིས་འགོག་དགོས་ཤིང་། ལུང་རིགས་ཀུང་ཡིད་ལ་བྱེད་མི་རིགས་པར་འདོད་དགོས་པས་རྣམ་བཞག་གང་ཡང་བྱ་ས་མེད་པར་འགྱུར་ཞིང་། འབྲུལ་ངོར་ཡོད་ཅེས་པའང་ཁས་ལེན་མི་རིགས་པར་འགྱུར་ཏེ། གང་ཡང་ཡིད་ལ་བྱེད་མི་རིགས་པར་འདོད་པས་གསལ་བར་ཤེས་ནུས།

དེས་ན་མི་གཡོ་སྒྱུ་ཅན་ཞིག་ལ་ཡིད་བརྟན་རུང་བའི་མིར་འཛིན་པ་ན་རྗེས་སུ་རྫུན་རྐུབ་བརྫོལ་བ་མཐོང་ཚེ་དེ་ནས་བཟུང་མི་དེ་མཐོང་དུས་སུ་མི་ཡིན་པར་འཛིན་པ་དེ་མི་ལྡོག་ཀུང་། ཡིད་བརྟན་འཕེར་བའི་མི་ཡིན་པར་འཛིན་པ་དེ་ལོག་འགྲོ་བར་མཐོང་ཚོས་སུ་གྲུབ་པ་ལྟར་དུ་སྣང་ལ། འདིས་དཔག་བྱ་ལེགས་པར་ཁེགས་ན་ཆགས་སྡང་འགྲིབ་ཚུལ་ལ་ཡང་གོ་བ་ལེགས་པར་སྙེར་བར་སེམས།

ཡང་ལ་ལས། ཤིང་རྟའི་དེ་ཁོ་ན་ཉིད་ལ་དཔྱོད་པའི་ཚེ་ཤིང་རྟ་ལ་ཤིང་རྟ་རང་བཞིན་གྱིས་གྲུབ་པར་བཙལ་དགོས་པར་གསུངས་པ་དེ་ལྟར་དུ་མ་གོ་བར། ཤིང་རྟ་ལ་ཤིང་རྟ་བཙལ་ཏེ་རང་གི་ཆ་ཤས་རྣམས་ལ་ཤིང་རྟ

ཡིན་པར་མ་རྟེད་པ་ཙམ་ལ་དེ་ཁོན་ཉིད་རྟོགས་པར་འདོད་པ་ཡང་། བདག་མེད་པའི་དོན་ལ་བློ་ཁ་མ་ཕྱོགས་པའི་གནུག་རྫི་མོས་ཀྱང་གོ་བས་ལས་སློག་ས་སུ་འགྱུར་ལ། དེ་ལྟར་འདོད་པ་རྣམས་ཀྱིས་ཐ་སྙད་ཚད་གྲུབ་མེད་པ་དང་། འཁྲུལ་ངོར་ཙམ་ཡོད་ཅེས་པ་དང་། ཡོད་མེད་གང་ཡང་མ་ཡིན་ཞེས་འདོད་པ་རྣམས་ལ་རང་ལུགས་ཀྱིས་མོས་མ་ཐུན་བྱས་ཟིན་པར་སྣང་སྟེ་དཔྱད་དགོས་པར་སེམས་སོ།།

གདགས་གཞིའི་སྟེང་དུ་ཡོད་པར་འཛིན་ཚུལ་ལ་དཔྱད་པ།

ཡང་མཁས་དབང་འགའི་གཞུང་དང་གསུང་རྒྱུན་གྱི་ཚིག་ཟིན་ཙམ་ལ་བརྟེན་ནས་རང་ངོས་ནས་གྲུབ་ཅེས་པའི་རང་དེ་ཁྱད་གཞི་ཡུལ་དང་ཡུལ་ཅན་གྱི་ཐ་སྙད་གཉིས་ལས་ཡུལ་ལ་མ་གོ་བར་གདགས་གཞི་ལ་བཞག་ནས་ཆོས་གང་གདགས་གཞིའི་སྟེང་ནས་དང་སྟེང་དུ་དང་དེའི་ངོས་ནས་གྲུབ་པར་འཛིན་པ་དེ་ཉིད་རང་ངོས་ནས་གྲུབ་པར་འཛིན་ཚུལ་ཡིན་པར་བཞེད་པར་ཐོས།

དེ་ལ་དོགས་འཆར་ནི། དེ་ཡང་གདགས་གཞིའི་སྟེང་ནས་ཞེས་པ་སོགས་ཀྱང་དེ་དག་གི་སྟེང་དུ་གྲུབ་པ་ལ་གོ་དགོས་པ་ལས་མ་འདས། དེ་ལྟར་ན། རྩ་ཤེ་ཊཱི་ཀ་ཆེན་རབ་བྱེད་གསུམ་པ་ལས། རིགས་པས་དཔྱོད་པ་ནི་མིག་ལ་སོགས་པ་ལ་རང་གི་ངོ་བོས་གྲུབ་པའི་རང་བཞིན་ཡོད་མེད་འཚོལ་བ་ཡིན་གྱི་ཡོད་མེད་ཙམ་འཚོལ་བ་མིན་པས། ཞེས་གསུངས་པ་དང་། ལམ་རིམ་ཆེན་མོ་ལས། གཟུགས་སོགས་ལ་སྐྱེ་འགག་ལ་སོགས་པའི་རང་བཞིན་ཡོད་མེད་འཚོལ་བ་ཡིན་ནོ།། དེ་ལྟ་ན་གཟུགས་ལ་སོགས་པ་ལ་རང་གི་ངོ་བོས་གྲུབ་པའི་སྐྱེ་འགག་ཡོད་མེད་བཙལ་བ་ཡིན་གྱི། རིགས་པ་དེས་སྐྱེ་འགག་ཙམ་ཚོལ་བ་མིན་ནོ།། ཞེས་བཏགས་དོན་བཙལ་ཚུལ་དེ་གཟུགས་སོགས་སྐྱེ་འགག་ཡོད་མེད་འཚོལ་ཚུལ་དེ་མིན་པར་གསལ་བར་གསུངས་ལ། ཡང་དེ་ཉིད་ལས། དེས་ན་ནང་གི་བློའི་དབང་གིས་བཞག་པ་མིན་པར་རང་གི་ངོ་བོས་སྣོ་ནས་ཡུལ་སྟེང་དུ་གྲུབ་པ་དེ་ལ་བདག་གམ་རང་བཞིན་ཞེས་ཟེར་ལ། ཞེས་ཡུལ་སྟེང་དུ་གྲུབ་པ་ལ་དགག་བྱའི་ཁྱད་པར་སྦྱར་བས་ཡུལ་སྟེང་དུ་གྲུབ་པ་དགག་བྱ་ཕྲ་མོ་མིན་པར་དོན་གྱིས་གོ་བར་སེམས།

ཡང་དེ་ཉིད་ལས། དེ་ལྟར་མ་ཡིན་པར་གཞུང་ཚད་ལྡན་ཁ་ཅིག་ནས་

བུམ་པ་ལ་སོགས་པ་རང་གི་ཡན་ལག་དང་གཅིག་ཐ་དད་དཔྱོད་པའི་རིགས་པས་རང་བཞིན་མེད་པ་གཏན་ལ་འབེབས་པར་གསུངས་པའི་དོན་ལ་འཁྲུལ་ནས། བུམ་པ་ལ་སོགས་པ་རྣམས་མཚུ་དང་མགྲིན་པ་ལ་སོགས་པ་རང་གི་ཡན་ལག་གང་ཡིན་དཔྱད་པ་ན་དེ་དག་གང་དུའང་མ་རྙེད་པ་ན་བུམ་པ་མི་འདུག་གོ་སྙམ་དུ་ངེས་པ་འདྲེན་ལ། དེ་ནས་དཔྱོད་མཁན་ལའང་དེ་ལྟར་དཔྱད་ན་དཔྱོད་མཁན་ཡང་མི་འདུག་གོ་སྙམ་དུ་ངེས་པར་འགྱུར་རོ།། དེའི་ཚེ་དཔྱོད་མཁན་མི་རྙེད་ན་བུམ་པ་ལ་སོགས་པ་མེད་དོ་སྙམ་དུ་སུ་ཞིག་གིས་ཤེས་སྙམ་ནས་ཡོད་པའང་མ་ཡིན་མེད་པའང་མ་ཡིན་ཞེས་ཟེར་བ་ལྟར་གྱི་རིགས་པ་ལྟར་སྣང་རེས་ངེས་པ་ཕྱིན་ཅི་ལོག་ཏུ་དྲངས་པ་ལ་ལྟ་བ་རྙེད་པ་འཛོག་ན་འདི་སླ་ཤོས་གཅིག་ཏུ་སྣང་ངོ་།། ཞེས་གསུངས།

ལམ་རིམ་ཆུང་བ་ལས་ཀྱང་། གཉིས་པ་ནི། སྔར་བཤད་པའི་དགག་བྱའི་ཚད་ལེགས་པར་མ་ཟིན་པར་ཡུལ་ལ་རིགས་པས་དཔྱད་དེ་གསལ་བ་ན་ཡུལ་དེ་མི་འདུག་པ་སྙམ་པ་དང་པོར་འབྱུང་ཞིང་། དེ་ནས་དཔྱོད་མཁན་ལ་ཡང་དེ་དང་འདྲ་བར་མཐོང་ནས་མེད་པར་ངེས་མཁན་ཡང་ཡོད་པ་མ་ཡིན་པས་གང་ལ་ཡང་འདི་ཡིན་འདི་མིན་གྱི་ངེས་པ་བྱ་ས་མེད་པར་སོང་ནས་སྣང་བ་བན་བུན་དུ་སོང་བའི་སྣང་བ་འཆར་བ་ཡང་རང་

བཞིན་ཡོད་མེད་དང་། ཡོད་མེད་ཙམ་མ་ཕྱེད་པ་ལ་བརྟེན་ནས་བྱུང་བ་ཡིན་པས་དེ་འདྲའི་སྟོང་པ་ཡང་རྟེན་འབྲེལ་བཞིག་པའི་སྟོང་པ་ཡིན་ལ། ཞེས་གསུངས་པ་སོགས་ལ་བརྟགས་ན་བུམ་པ་ལྟ་བུ་ཡུལ་གྱི་སྟེང་དུ་མེད་པར་མ་གསུངས་པར་རང་གི་ངོ་བོའི་སྒོ་ནས་རང་ཚུགས་ཐུབ་པའི་སྡོད་ལུགས་ཞེས་དགག་བྱའི་ཁྱད་པར་གསལ་བར་སྦྱར་ནས་གསུངས་པ་ལྟར་བྱ་དགོས་པ་མིན་ནམ་སྙམ།

གཞན་དུ་ན། བུམ་པའི་གནས་ལུགས་ལ་དཔྱོད་པའི་ཚེ་དེའི་ཆ་ཤས་རྣམས་བུམ་པ་ཡིན་མིན་དཔྱོད་ན་མི་རྙེད་པས་བུམ་པ་ཞེས་པ་འདྲུལ་ངོ་ཙམ་ལས་དོན་ལ་མེད་པ་དང་། འདི་ཡིན་འདི་མིན་གང་ཡང་སྨྲ་རྒྱུ་མེད་པར་འདོད་པ་ནི་རྟེན་འབྲེལ་བཞིག་པའི་ཆད་སྟོང་ཉིད་དུ་འགྱུར་བར་ངེས་པར་གསུངས་པས་ལེགས་པར་དཔྱད་དགོས་པར་སྣང་།

གོང་གི་ལམ་རིམ་ཆེ་ཆུང་གི་ལུང་དོན་ནི་དགག་བྱ་ལེགས་པར་ངོས་མ་ཟིན་པས་སྟོང་ཉིད་ལ་དཔྱོད་པའི་ཚེ་འཁྲུལ་བ་བྱུང་སྐྱེ་གཞི་དེ་སྤྱིར་ཡོད་པ་དང་། དེ་རང་ངོས་ནས་ཡོད་པ་གཉིས་ལ་ཁྱད་པར་ཡོད་ཚུལ་མང་དུ་སྨྲས་ཀྱང་སྨྲ་སྤྱི་ཙམ་ལས་དོན་སྤྱི་མ་ཤར་ཞིང་། དེའི་སྒོར་ཐ་ཐོར་རེ་ཐོས་སྒོང་བའི་སྟོང་ཉིད་ཀྱི་དོན་ལ་མོས་པ་ལྟར་སྣང་རེ་ཡོད་པའི་བདག་འདྲ་བ་

ལ་གསུངས་པ་ཡིན་པར་སྣང་།

ཡང་གལ་ཏེ་གདགས་གཞིའི་སྟེང་དུ་ཞེས་པ་དེའི་དོན་ནས་གྲུབ་པ་ལ་བཞག་ན། གདགས་གཞིའི་དོན་ནས་ཡོད་པར་འཛིན་པ་བདེན་འཛིན་ཡིན་པར་རྗེའི་ཡབ་སྲས་ཀྱི་གསུང་ན་མཇལ་རྒྱུ་ཡོད་མེད་ཞིབ་ཏུ་བཙལ་ཀྱང་མ་རྙེད། དེར་མ་ཟད་བུམ་པ་ཡུལ་སྟེང་དུ་མེད་པར་འདོད་ན་དེ་གསེར་བུམ་གྱི་སྟེང་དུའང་མེད་པར་ཐལ་ལོ། འདོད་ན། དེ་དེ་མི་རྟག་པར་སྒྲུབ་པའི་རྟགས་ཡང་དག་མ་ཡིན་པར་ཐལ་བར་འགྱུར་ཞིང་། དེ་བཞིན་དུ་མིའི་གདོང་པ་དང་རྐང་ལག་སོགས་ཀྱི་སྟེང་ནས་དང་སྟེང་དུ་མི་མེད་པ་ནི་དེ་ཀོ་ན་ཉིད་ལ་བློ་ཁ་མ་ཕྱོགས་པ་རྣམས་ཀྱིས་ཀྱང་ལེགས་པར་གོ་ནུས་ལ། དེས་ན་དེ་ལྟར་འཛིན་པ་ནི། དཔེར་ན། ཤིང་རྟ་རང་གི་ཡན་ལག་དང་ལྡན་པ་དང་ཚོགས་པའི་དོན་ནས་གྲུབ་པར་ཁས་ལེན་པ་ལྟར་གྲུབ་མཐའ་སྨྲ་བས་འཁྲུལ་དུ་ཀུན་བཏགས་པའི་བདག་འཛིན་ཙམ་ལས་བདག་འཛིན་དངོས་མིན་པར་སྨྲ་དགོས་པར་སྣང་ལ། གལ་ཏེ་གདགས་གཞིའི་སྟེང་དུ་ཡོད་པར་འཛིན་པ་དེ་ལོག་ཤེས་ཡིན་ཡང་རི་བོང་མགོ་ལ་ར་ཡོད་པར་འཛིན་པ་དེས་ཆགས་སྡང་འདྲེན་ཚུལ་མེད་པ་ལྟར། འདིས་ཀྱང་ཆགས་སྡང་འདྲེན་ཚུལ་ཇི་ལྟར་འོང་དཔྱད་པར་བྱ་དགོས་སོ།།

རང་གི་འདོད་པ་བརྗོད་པ།

འོ་ན་དེ་ལྟ་བུའི་དགག་བྱ་དེ་འགོག་པ་ལ་སྔོན་དུ་དེ་ངོས་འཛིན་དགོས་པས། དེའི་ཚུལ་ཇི་ལྟར་ཡིན་ཞེ་ན། འདི་ལ་འདྲ་མིན་གསུངས་པ་ཡོད་ཀྱང་། ལམ་རིམ་ཆེན་མོ་ལས། བྱད་བཞིན་དུ་སྣང་བའི་གཟུགས་བརྙན་དེ་ཉིད་རང་གི་ངོ་བོས་གྲུབ་པའི་ཡོད་པར་འཛིན་པ་ནི་བདེན་འཛིན་ཡིན་ལ། དེ་ཡང་རང་རྒྱུད་ལ་ཡོད་པར་སྒྲོང་བས་འགྲུབ་བོ།། དེ་ལྟ་ཡིན་ནའང་རང་བཞིན་མེད་པའི་དཔེར་རུང་ལུགས་ནི་གང་དུ་སྣང་བ་དེའི་ངོ་བོས་སྟོང་པས། གང་དུ་སྣང་བ་དེའི་རང་བཞིན་མེད་པ་ནི་མངོན་སུམ་གྱིས་གྲུབ་པས་དེ་ཉིད་དཔེར་བྱེད་པ་ཡིན་ནོ།། གང་དུ་སྣང་བ་དེའི་རང་བཞིན་གྱིས་སྟོང་པ་དེ་སྒྱུ་གྱུ་ལ་སོགས་པའི་སྟེང་དུ་ཚད་མས་གྲུབ་ན་ནི། སྒྱུ་གྱུའི་རང་བཞིན་མེད་པ་རྟོགས་པ་ཡིན་པས་གཟུགས་བརྙན་སོགས་དང་མི་འདྲའོ།། ཞེས་གསུངས་པས་གོ་ལ། དེ་ཡང་དཔེ་དོན་གཉིས་ལ་ཁྱད་པར་དེ་ལྟར་འོང་ཚུལ་ནི། གང་དུ་སྣང་བ་དེའི་རང་བཞིན་གྱིས་ཇི་སྣང་བ་ལྟར་དུ་ཡོད་མེད་དེ་

ལ་ཕྲ་རགས་གཉིས་རེར་ཕྱེ་རྒྱུ་ཡོད་མེད་ཀྱི་གནད་ཀྱིས་ཡིན་པར་སྣང་།

དེ་ལ་གཟུགས་བརྙན་རང་གི་ངོ་བོས་གྲུབ་པའི་ཡོད་པར་འཛིན་པ་དེ་ཉིད་རང་རྒྱུད་ལ་ཡོད་པར་སྟོང་བས་འགྲུབ་པར་གསུངས་པ་དེ་བཞིན་དུ་སྨྱུ་གུ་ལ་སོགས་པའི་ཕྱི་ནང་གི་ཆོས་གཞན་ལ་ཡང་འདྲ་ལ། སྟོང་བས་གྲུབ་ཚུལ་ནི། དཔེར་ན། འཇའ་ཚོན་དང་། སྤྲིན་ཕུང་། རྟའི་སྤྲུལ་བ། སྐྲོར་དགོས་པའི་ནད་པ་སོགས་རང་ཚུགས་མི་ཐུབ་ཚུལ་འཇིག་རྟེན་རང་དགའ་བ་ལའང་གྲགས་པ་དེ་བཞིན་དུ། བདག་ཕུང་སོགས་རང་ཚུགས་མི་ཐུབ་ཀྱང་ཐུབ་པར་སྣང་ཞེན་རང་རྒྱུད་ལ་མངོན་དུ་གྱུར་པ་ན། དེ་ལ་གཏི་མུག་གམ་བདག་འཛིན་ཞེས་བརྗ་སྦྱོར་བ་ཙམ་གྱིས་གོ་བར་ནུས་ཏེ། དཔེར་ན་རང་རྒྱུད་ལ་ཆགས་སྡང་སོགས་སྐྱེས་པ་ན་དེ་དང་དེའོ་ཞེས་བརྗ་སྦྱོར་བ་ཙམ་གྱིས་ངོ་འཕྲོད་པ་ལྟར་ཡིན་པར་སེམས།།

དེ་ཡང་ཁྱད་གཞི་དེ་ཉིད་སྤྱིར་ཡོད་པ་དང་རང་ཚུགས་ཐུབ་པའི་ཚུལ་གྱིས་ཡོད་པ་གཉིས་དགག་བྱ་མ་ཁེགས་པའི་སྔོན་ལ་མ་ཐུན་དཔེའི་སྟེང་དུ་སོ་སོར་ཕྱེད་རྒྱུ་ཡོད་པ་ཙམ་གོ་བ་ལས། དོན་ཁྱད་གཞིའི་སྟེང་དུ་སོ་སོར་ཕྱེ་ཐུབ་པ་ནི་བསྒྲུབ་བྱ་ལེགས་པར་གྲུབ་པའི་རྗེས་སུ་མ་གཏོགས་མི་འོང་ཚུལ་གསུངས་པའི་དོན་ཡང་ལེགས་པར་གོ་དགོས་པར་སྣང་།

གལ་ཏེ་དགག་བྱ་གང་འགོག་པ་ལ་དགག་བཞག་བྱ་རྒྱུའི་ཁྱད་པར་ཕྱེད་མ་ཐུབ་ན། སྔོ་སྣང་ལྟ་བུས་དགག་རྒྱུ་དང་གཏོང་རྒྱུ་གཉིས་ཀ་བཀག་ན་བཀག་མཉམ་དང་གཏོང་ན་གཏོང་མཉམ་དུ་འགྱུར་བ་ལྟར་དང་། འོ་ཆུ་འདྲེས་པ་བཏུང་ན་བཏུང་མཉམ་དང་འབོར་ན་འབོར་མཉམ་ལྟར་དུ་འགྱུར་རོ་སྙམ་ན། སྐྱོན་མེད་དེ། དཔེར་ན། བྱེ་སྨྲས་ཡོད་པ་དང་དངོས་པོ་གཉིས་སོ་སོར་ཕྱེད་མི་ཐུབ་ཀྱང་དངོས་པོའི་དོན་དོན་བྱེད་ནུས་པ་འཇོག་པ་ན། ནམ་མཁའ་ལྟ་བུ་དེ་ཡིན་པར་འདོད་པ་ལ་སྐྱོན་བསྟན་པས་དེ་དངོས་པོ་ཡིན་པར་ཁེགས་ཀྱང་ཡོད་པ་ཁེགས་མི་དགོས་པ་ལྟར། དགག་བྱའི་ཚད་ལེགས་པར་ངོས་འཛིན་ཐུབ་ན་དེ་ལ་སྐྱོན་བསྟན་པས་དེ་ཁེགས་ཀྱང་ཡོད་པ་ཁེགས་མི་དགོས་པ་ལྟར་སྣང་། སྔོ་སྣང་སོགས་དང་མི་འདྲ་བ་ནི། དེས་དགག་རྒྱུ་དང་གཏོང་རྒྱུ་གང་ཡིན་གྱི་མཚོན་རྟགས་ཐོག་མ་ནས་མངོན་སུམ་གྱིས་གྲུབ་དགོས་པ་དང་། འོ་ཆུ་འདྲེས་པ་སོ་སོར་ཕྱེད་ཐུབ་པའི་ནུས་པ་ཡོད་པའི་ངང་པ་ལྟ་བུས་འོ་མ་འཐིབས་པས་ཆུ་དྭངས་མ་ལུས་པར་མཐོང་བ་འདིས་གོ་ནུས་སོ།།

རྫས་བཏགས་འཛིན་ཚུལ་ལ་དཔྱད་པ།

འདི་ལ་གཞན་དག་གིས་རང་བཞིན་གྱིས་ཡོད་པར་འཛིན་པ་དེས་གདགས་གཞིའི་སྟེང་དུ་ཡོད་པར་འཛིན་པ་ལ་བཞག་དགོས་ཏེ། རྒྱལ་ཚབ་རྗེ་ཆེན་རབ་བྱེད་དང་པོར། རང་གི་མཚན་ཉིད་ཀྱིས་ཡོད་པ་དང་ཐ་སྙད་ཀྱི་དབང་གིས་བཞག་པ་ཙམ་མིན་པའི་ཡོད་པ་གཉིས་ནི་འདྲ་ལ། ཞེས་པ་ནས། འདི་ལ་ཐ་སྙད་བཏགས་པའི་གཞི་དེ་ཇི་འདྲ་ཞིག་ཏུ་ཡོད་བཙལ་བ་ན། མིག་རྣ་ལ་སོགས་པ་རེ་རེ་བ་དང་ཚོགས་པ་ཡང་ང་མིན་ལ་དེ་དག་ལས་དོན་གཞན་ན་ཡང་ང་མེད་པ་ནི་གང་ཟག་རང་གི་ངོ་བོ་ཉིད་ཀྱིས་མེད་ཚུལ་ཡིན་ལ། ཞེས་གསུངས་པ་དང་། དེའི་འགྲེལ་ཉིད་དུ། དེའི་རྒྱུ་མཚན་ཡང་རྫས་ཡོད་རིགས་པས་བཙལ་ན་རྙེད་དགོས་པ་ལས་དེས་མ་རྙེད་ན་དགག་ནུས་ལ་ཡོད་ཙམ་རིགས་པས་བཙལ་ན་རྙེད་དགོས་པ་མིན་པས་དེས་མ་རྙེད་པས་འགོག་མི་ནུས་པའི་ཕྱིར་རོ།། ཞེས་གསུངས་པ་འདི་ཡང་ཨ་འཐས་ཀྱིས་དགག་བྱ་འགོག་པའི་ཚེ་གདགས་གཞིའི་སྟེང་དུ་བཙལ་

དགོས་པའི་ཞེས་བྱེད་དུ་དྲངས་སྲིད་ཀྱང་དེ་ལ་ནི་རྩ་ཤེ་ཊཱི་ཀ་ཆེན་དང་ལམ་རིམ་ཆེན་མོ་གཉིས་ཀར་དེ་ལྟར་འདོད་པ་མི་འཐད་ཚུལ་འོག་ཏུ་དྲངས་པས་ཤེས་པར་ནུས།

ལར་ནས་ལུང་དེའི་དོན་ནི། མགོ་འཛུགས་ཚུལ་དང་མཐའི་རྒྱུ་མཚན་བཅས་ལ་བརྟགས་ན། དེས་ནི་ཐ་སྙད་ཀྱི་དབང་གིས་བཞག་པ་ཙམ་མིན་པའི་ཡོད་པ་ནི་རང་བཞིན་གྱིས་གྲུབ་ཚུལ་ཡིན་ལ། རང་བཞིན་གྱིས་གྲུབ་པ་དེ་ཉིད་མིག་རྣ་ལ་སོགས་པའི་ཕུང་པོའི་ཆ་ཤས་རྣམས་སུ་ངོ་བོ་ཉིད་ཀྱིས་ཡོད་པ་སྟེ་གྲུབ་པར་རྟེད་དགོས་ཤིང་། དེ་ལྟར་ན་རྫས་ཡོད་དུ་འགྱུར་བས་རིག་པས་དཔྱད་བཟོད་དུ་ཐལ་ལ། འདོད་མི་ནུས་ཏེ། གོང་གི་རྒྱུ་མཚན་དུ་དྲངས་པ་ལྟར་རྩ་ཤེ་ཊཱི་ཀ་ཆེན་རབ་བྱེད་དགུ་པ་ལས། རྫས་ཡོད་རིགས་པས་དཔྱད་བཟོད་ཡིན་ལ་བཏགས་ཡོད་དེ་ལྟར་མིན་པའི་ཕྱིར་རོ། ཞེས་དང་། དེའི་ཉེར་བཞི་པར། རྟེད་པའི་དོན་ནི་ཤེས་པ་དེས་དེ་ལྟར་གྲུབ་པའི་དོན་ཡིན་ཏེ་ཀུན་རྫོབ་ལ་ཡང་འདྲའོ། ཞེས་དང་། ལམ་རིམ་ཆེན་མོར། རིགས་པས་དཔྱད་བཟོད་མི་བཟོད་ཀྱི་དོན་ནི་དེ་ཁོ་ན་ཉིད་ལ་དཔྱོད་པའི་རིགས་པ་དེས་རྟེད་མ་རྟེད་ཡིན་ལ། ཞེས་གསུངས་པས་གོ་ནུས།

དེ་ཡང་ཆོས་ཉིད་ལྟ་བུ་དེ་ཁོ་ན་ཉིད་ལ་དཔྱོད་པའི་རིགས་པས་རྟེད་

པར་འདོད་དགོས་ཀྱང་དེ་རིགས་པས་དཔྱད་བཟོད་དུ་འདོད་མི་རིགས་པས། རིགས་པའི་དཔྱད་བཟོད་དུ་གྲུབ་ཚུལ་ནི། ཁྱད་གཞི་སྨྱུ་གུ་ལྟ་བུ་དེ། དེའི་དེ་ཁོ་ན་ཉིད་ལ་དཔྱོད་པའི་རིགས་པས་རྙེད་ན་དེ་ཉིད་དུ་གྲུབ་དགོས་པར་བསྟན་པ་ཡིན་པས། དེས་ན་རྫས་ཡོད་རིགས་པས་དཔྱད་བཟོད་ཡིན་ཚུལ་གསུངས་པ་ཡང་དེ་ལྟར་དུ་གོ་དགོས་པར་སྣང་།

དེ་ཡང་རྟོག་འཆར་ཞིག་ལ། རྫས་ཡོད་དང་བཏགས་ཡོད་གཉིས་ཀྱི་འཛིན་ཚུལ་ནི། གང་ཞིག་ཡོད་ཚུལ་རྟོག་པས་བཏགས་པ་ཙམ་གྱིས་མ་ཚང་བར་དེ་ཉིད་དེའི་ཁོ་ན་ཉིད་ལ་དཔྱོད་པའི་རིགས་ཤེས་ཀྱིས་རྙེད་དགོས་པར་འཛིན་པ་རྫས་ཡོད་འཛིན་ཚུལ་དང་། གང་ཞིག་དེ་ཉིད་རྟོག་པས་བཏགས་ཙམ་གྱིས་ཡོད་ཚུལ་ཚང་བར་འཛིན་པ་བཏགས་ཡོད་འཛིན་ཚུལ་ཡིན་ཏེ། དཔེར་ན་བུམ་པ་ལྟ་བུའི་སྟེང་དུ་ཀུན་རྫོབ་ཕྲ་མོ་རྟོགས་པའི་ཚེ་དེ་རྟོག་པས་བཞག་ཙམ་གྱིས་ཡོད་ཚུལ་ཚང་བར་རྟོགས་པས་བཏགས་ཡོད་རྟོགས་པ་དང་། རྟོག་པས་བཏགས་པ་ཙམ་གྱིས་ཡོད་ཚུལ་མ་ཚང་བར་འཛིན་པའི་ཞེན་ཡུལ་ཁེགས་པར་འདོད་དགོས་པར་སེམས།

རྟོག་པས་བཏགས་ཙམ་གྱིས་ཡོད་ཚུལ་ནི། སྤྱོད་འཇུག་རྣམ་བཤད་ལས། བདེ་སྡུག་གི་ཚོར་བ་རྟོག་པས་མངོན་པར་ཞེན་ཅིང་། བཏགས་པ་

ཙམ་ཉིད་ཡིན་ཞེས་བྱ་བ་གྲུབ་པ་མིན་ནམ་སྙེ་གྲུབ་པར་ཐལ། བཟའ་བཏུང་གཅིག་ཉིད་རྟོག་པའི་དབང་གིས་བདེ་སྡུག་གཉིས་ཀའི་རྒྱུར་བཏགས་པའི་ཕྱིར། ཞེས་གསུངས་པ་ལྟར་གླུ་གཞས་སྙན་མི་སྙན་དང་། ཡུལ་ཁམས་སོ་སོའི་ཁྲིམས་ལུགས། རྟེན་འབྲེལ་ལེགས་ཉེས་བརྩིས་ཚུལ། ཚས་གོས་འདྲ་མིན། བྱིས་པའི་རྩེད་རའི་སྒྲིག་སྲོལ་སོགས་རང་རང་གིས་རྟོག་པས་བཏགས་ཤིང་དེ་ལྟར་མཐོན་པར་ཞེན་པ་ཡིན་པར་སེམས།

དེས་ན། རྫས་ཡོད་དུ་འཛིན་པ་དེ་བདེན་འཛིན་མ་ཡིན་ཏེ། བུམ་པ་ཀུན་རྫོབ་ཙམ་མ་རྟོགས་པར་དུ་དེའི་ཞེན་ཡུལ་ཁེགས་མི་ཐུབ་པའི་ཕྱིར་རོ་སྙམ། དེ་བཞིན་དུ་ཀུན་རྫོབ་ཏུ་ཡོད་པ་དང་། དོན་དམ་དུ་ཡོད་པ་གཉིས་ཀྱང་དངོས་འགལ་ཡིན་མིན་དཔྱད་དགོས་ཏེ། དངོས་འགལ་ལ་རྣམ་གཅོད་ཡོངས་གཅོད་ཡིན་དགོས་པ་ལས་དེ་ལྟར་མིན་པའི་ཕྱིར་ཏེ། རྩ་ཤེ་ཊཱི་ཀ་ཆེན་རབ་བྱེད་བཅུ་བཞི་པ་ལས། དེ་ལ་བཙོས་མ་བཙོས་གཉིས་ནི། དངོས་འགལ་ཡིན་པས་གཞི་གཅིག་ལ་གཅིག་རྣམ་པར་བཅད་ན་ཅིག་ཤོས་ཡོངས་སུ་གཅོད་དགོས་སོ།། ཞེས་གསལ་བར་གསུངས།

དེ་ཡང་ལུགས་འདིའི་ཆོས་ཀུན་བཏགས་ཡོད་དུ་འཇོག་པས། རྒྱུན་དང་རགས་པ་དང་གང་ཟག་འཇོག་ཚུལ་ཡང་འདུག་པ་ལས། རྒྱུན་ཅན་

རྣམས་དེར་ཕན་ཚུན་ཐ་དད་ཡོད།། ཅེས་པའི་ཐད་རྣམ་བཤད་དུ། གང་གི་ཕྱིར་རྒྱུན་ཅན། ཞེས་པ་ནས། སྐྱེ་འཆི་བརྒྱུད་པས་བར་སྟོང་མེད་པ་རྣམ་པར་མ་ཆད་པར་གནས་པ། འདུ་བྱེད་ཀྱི་སྐད་ཅིག་མ་དུས་གསུམ་པའི་ཉེ་བར་ལེན་པ་ཅན་ལ་བྱ་སྟེ། ཞེས་དང་། དཔེར་ན། བུམ་པ་རང་གི་ཆ་ཤས་ཉེ་བར་ལེན་པ་པོ་ལ་འཛོག་པ་ལྟར། ཞེས་དང་། བདག་འགོག་སྐབས། ལུགས་མཆོག་ཏུ་གྱུར་པ་འདིའི་གང་ཟག་འཛོག་ཚུལ་ནི། ཕུང་པོ་ལས་ངོ་བོ་ཐ་དད་པའི་བྱེད་པ་པོ་ཐ་སྙད་ཙམ་དུ་ཡང་མེད་པ་དང་། ཐ་སྙད་དུ་ལས་དང་རྣམ་སྨིན་ཁས་བླངས་པ་ན། མདོ་སྡེ་མས་གསུངས་པ་བཞིན་དུ་ལས་ཀྱི་བྱེད་པ་པོ་གང་ཟག་ངེས་པར་འདོད་དགོས་པས་དེ་ཡང་ཉེ་བར་བླང་བྱའི་གསེབ་ནས་མི་འཛོག་པར་དེ་དག་གི་ཉེ་བར་ལེན་པ་པོ་འཛོག་པ་ནི་ཤིན་ཏུ་ལེགས་པ་ཡིན་ནོ།། ཞེས་ཉེ་བར་བླང་བྱ་ཆ་ཤས་སོགས་བློ་ཡུལ་དུ་འཆར་བ་ལ་བརྟེན་ནས་ཉེ་བར་ལེན་པ་པོ་ཆ་ཅན་དེ་ཉིད། དེ་དང་དེ་འོ་སྐམ་པ་ལས་ཆ་ཤས་མཆུ་དང་མགྲིན་པ་དང་། རྐང་ལག་སོགས་ལ་དེ་དང་དེ་འོ་སྐམ་པ་མེད་ཚུལ་ནི་དེ་ཁོ་ན་ཉིད་ལ་བློ་ཁ་མ་ཕྱོགས་པའི་འཇིག་རྟེན་རང་འགའ་བ་རྣམས་ཀྱིས་ཀྱང་གོ་བར་ནུས་སོ་སྐམ། དེས་ན་ཕུང་པོའི་རྒྱུན་དང་ཚོགས་པ། ཁྱད་པར་དུ་ཡིད་ཀྱི་རྣམ་ཤེས་རྣམས་བདག་མ

ཡིན་པའི་སྒྲུབ་བྱེད་མཐར་ཐུག་ནི། དེ་དག་བདག་གི་ཉེ་བར་བླང་བྱ་ཡིན་པའི་ཕྱིར་ཞེས་རྟགས་ཡང་དག་འགོད་རྒྱུ་ཡིན་པར་སེམས།

དེས་ན་འཇུག་པའི་རྣམ་བཤད་དགག་བྱ་ངོས་འཛིན་སྐབས། ཡུལ་མི་གསལ་བར་སྣང་བ་ན་ཐག་པ་ལ་འདི་སྦྲུལ་ལོ་སྙམ་པ་འབྱུང་ངོ༎ ཞེས་དང་། དེའི་འོག་ཏུ་ང་དེ་ནི་རྟོག་པས་ཕུང་པོ་ལ་བརྟེན་ནས་བཞག་པ་ཙམ་ཡིན་གྱི་རང་གི་ངོ་བོས་གྲུབ་པ་མེད་དོ༎ ཞེས་བརྟེན་ནས་ཞེས་པའི་ཚིག་སྦྱར་མ་སྦྱར་གཉིས་གསུངས་པའི་དགོས་པ་ནི། དེའི་གདགས་གཞི་ལ་ཡིན་པར་བཏགས་པའི་གདགས་གཞི་དང་། བརྟེན་ནས་བཏགས་པའི་གདགས་གཞི་གཉིས་ཡོད་པ་ལས། དང་པོ་ལ་གདགས་གཞི་དེ་གདགས་ཆོས་དེ་མ་ཡིན་མི་དགོས་ཀྱང་། ཕྱི་མ་ལ་གདགས་གཞི་དེ་གདགས་ཆོས་དེ་མ་ཡིན་པར་གོ་བའི་ཆེད་དུ་བརྟེན་ནས་ཞེས་པའི་ཚིག་གསལ་བར་གསུངས་པར་མངོན་ཏེ། དེ་ཡང་དཔེར་ན། སྐྱེས་བུ་ལྷས་བྱིན་གྱི་གདོང་པ་ཙམ་མཐོང་བ་ན། གདོང་དེ་སྐྱེས་བུ་ལྷས་བྱིན་ནོ་སྙམ་པ་མ་ཡིན་པར་དེ་ལ་བརྟེན་ནས་དེའི་ཉེ་བར་ལེན་པ་པོ་དེ་ལྷས་བྱིན་ནོ་སྙམ་པས་གདོང་པ་དེ་དེའི་བརྟེན་ནས་བཏགས་པའི་གདགས་གཞི་དང་། ལྷས་བྱིན་དེ་ཉིད་གང་ཟག་ཁྱད་པར་བ་ཞིག་གོ་སྙམ་པ་ན། དེ་ནི་དེ་ཡིན་པར་བཏགས་པའི་གདགས་གཞི

ཡིན་ཚུལ་ཞེས་ན་དེའི་གདགས་གཞི་ལ་དེ་ཡིན་དགོས་མིན་གྱི་དོགས་པ་རྣམས་སེལ་བར་ནུས་སོ་སྙམ། ཞེས་བྲ་ལྷ་བུ་ཡང་རང་མ་ཡིན་པ་ལ་བརྟེན་ནས་འཛོག་དགོས་པས་འདིས་མ་ངེས་པ་མེད་པར་སྣང་།

ཡང་འཇུག་པར། རྣམ་བདུན་གྱིས་མེད་གང་དེ་ཇི་ལྟར་བུར།། ཡོད་ཅེས་རྣལ་འབྱོར་པས་འདིའི་ཡོད་མི་རྟེད།། ཅེས་དང་། དབུ་མ་རིན་ཆེན་འཕྲེང་བ་ལས། སྐྱེས་བུ་ས་མིན་ཆུ་མ་ཡིན།། ཞེས་སོགས་དང་། སྤྱོད་འཇུག་ལེའུ་དགུ་པར། ལུས་ནི་རྐང་པ་བྱིན་པ་མིན།། ཞེས་སོགས་གསུངས་པའི་དོན་ཡང་གང་ཟག་གདགས་གཞིའི་སྟེང་དུ་མེད་པ་གང་ཟག་རང་ངོས་ནས་མེད་པའི་དོན་དུ་བསྟན་པ་མིན་པར། སྐྱེས་བུ་རང་བཞིན་གྱིས་གྲུབ་ན་མཐའ་བདུན་པོ་གང་རུང་དང་གཅིག་ཏུ་གྲུབ་པ་རྟེན་དགོས་པ་ལས་དེ་མི་རྟེད་ཚུལ་བསྟན་པ་ལུང་དང་པོའི་དོན་དང་། སྐྱེས་བུ་རང་བཞིན་གྱིས་གྲུབ་ན་ཁམས་དྲུག་པོ་རེ་རེ་དང་རང་བཞིན་གྱིས་གཅིག་ཏུ་གྲུབ་དགོས་པས་སྐྱེས་བུ་ས་ཁམས་སོགས་དང་གཅིག་ཏུ་མ་གྲུབ་པར་བསྟན་པ་ལུང་གཉིས་པའི་དོན་དང་། ལུང་གསུམ་པའི་དོན་ནི། སྤྱོད་འཇུག་དེའི་ཐད་ཀྱི་རྣམ་བཤད་ལས། ཆ་དང་ཆ་ཅན་རང་བཞིན་གྱིས་གྲུབ་པ་ལ་དཔྱད་ཚུལ་དང་། དེས་རིན་ཆེན་འཕྲེང་བའི་ལུང་གི་དོན་ཡང་དེ་

ལྟར་ཡིན་ཚུལ་གསལ་བར་གསུངས་པས་གོ་ནུས་པར་སྣང་།

ཡང་འཇུག་པར། དེ་ནི་དེ་ཉིད་དུ་འམ་འཇིག་རྟེན་དུ།། རྣམ་པ་བདུན་གྱིས་འགྲུབ་འགྱུར་མིན་མོད་ཀྱི།། ཞེས་གསུངས་པ་དང་དེའི་ཐད་ཀྱི་རྣམ་བཤད་དུ། ཤིང་རྟ་དེ་ནི་དེ་ཉིད་དུ་སྟེ་དོན་དམ་པའམ།། འཇིག་རྟེན་གྱི་ཀུན་རྫོབ་ཏུ་བཏགས་དོན་རྣམ་པ་བདུན་གྱིས་བཙལ་ན་ཤིང་རྟ་འགྲུབ་པར་འགྱུར་བ་མིན་མོད་ཀྱི། ཞེས་གསུངས་པ་ནི་བཏགས་དོན་བཙལ་ཚུལ་ལ་དོན་དམ་དང་། ཀུན་རྫོབ་ཏུ་བཏགས་དོན་བཙལ་ཚུལ་གཉིས་ཡོད་པའི་དོན་བསྟན་པ་མིན་པར། ཤིང་རྟ་ཁྱད་གཞིར་བྱས་ནས་བཏགས་དོན་བཙལ་བའི་ཚེ་དོན་དམ་དང་ཀུན་རྫོབ་གང་དུ་ཡང་མ་རྙེད་པའི་དོན་ཡིན་པར་སེམས།

གལ་ཏེ། དེ་ནི་དེ་ཉིད་དུ་འམ་འཇིག་རྟེན་དུ།། ཞེས་པ་ཀུན་རྫོབ་ཏུ་བཏགས་དོན་བཙལ་ཚུལ་ཡོད་པ་ཞིག་ལ་འདོད་ན། དེ་ནི་མི་རིགས་ཏེ། དེ་ལྟར་ན་དེ་ཁོ་ན་ཉིད་ལ་དཔྱོད་པའི་བློ་ཡིས་ཀུན་རྫོབ་པའི་དོན་ལ་དཔྱད་པར་འགྱུར་བས། འཇིག་རྟེན་པའི་རྣམ་གཞག་ཐམས་ཅད་ཉམས་པར་འགྱུར་ཏེ། འཇུག་པའི་རྣམ་བཤད་ལས། དེ་ལྟར་དེ་ཁོ་ན་ཉིད་ལ་དཔྱོད་པའི་རིགས་པས་ཀུན་རྫོབ་པ་རྣམས་ལ་དཔྱོད་ན་ནི། འཇིག་རྟེན་པའི་ཐ

སྣང་ཐམས་ཅད་ཉམས་པར་འགྱུར་བར་ཤེས་པར་བྱའོ།། ཞེས་དང་། ཐ་སྙད་པའི་དོན་ལ་དོན་དམ་པའི་དཔྱད་པ་བྱར་མི་རུང་བར་ལན་དུ་མར་གསུངས་པའི་ཕྱིར་རོ།། ཞེས་གསུངས་སོ།།

སྟོང་ཉིད་ཀྱི་དགག་བྱའི་མིང་གི་རྣམ་གྲངས།

དེ་ལ་རང་ལུགས་ཀྱི་འཇོག་ཚུལ་ནི། སྟོང་པ་ཉིད་ཀྱི་དོན་ལ་དཔྱོད་པ་ན། དེའི་དགག་བྱ་ལེགས་པར་ངོས་ཟིན་དགོས་ཤིང་། དེ་ལ་གཞུང་དུ་དེའི་མིང་གི་རྣམ་གྲངས་ལ་རང་བཞིན་གྱིས་གྲུབ་པ་དང་། རང་ངོས་ནས་གྲུབ་པ། རང་མཚན་གྱིས་གྲུབ་པ། དོན་དམ་དུ་གྲུབ་པ། བདེན་པར་གྲུབ་པ། ཡང་དག་པར་གྲུབ་པ། དེ་ཁོ་ན་ཉིད་དུ་གྲུབ་པ། གཤིས་ལུགས་སུ་གྲུབ་པ། ཡིན་ལུགས་སུ་གྲུབ་པ། རང་ཚུགས་ཐུབ་པ་སོགས་དུ་མར་གསུངས་པ་འདི་དག་ཆོས་དང་གང་ཟག་གི་སྟེང་དུ་འཛིན་པ་ནི་ཆགས་སྡང་སོགས་ཉེས་སྐྱོན་ཀུན་གྱི་རྩ་བ་ཡིན་པར་གསུངས་ལ། དེ་ཡང་བདེན་པར་གྲུབ་པར་འཛིན་པ་འདིས་ཆགས་སྡང་འདྲེན་ཚུལ་ནི། དཔེར་ན། འཇིག་རྟེན་

རང་འགལ་བར་གྲགས་པའི་བདེན་བརྗུན་གྱི་དབང་དུ་བྱས་ན་གསེར་དག་མ་དང་བརྫུན་པར་འཛིན་ཚུལ་ལས་ཆགས་སྣང་གཉིས་འདྲེན་པ་ལྟ་བུ་སོགས་ཉམས་མྱོང་ལ་སྦྱར་ཏེ་དཔྱད་ན་གོ་བར་སྣང་ལ། འདིས་དོན་དམ་དུ་དང་ཡང་དག་པར་བཅས་ཀྱང་མཚོན་ནུས་པར་སྣང་།

ཁྱད་པར་དུ་དེ་དག་ལས་རང་ཚུགས་ཐུབ་པར་འཛིན་པ་འདིས་དམིགས་བསལ་ཆགས་སྡང་འདྲེན་ཚུལ་ནི་རང་རྒྱུད་ལ་སྦྱར་ན་མྱོང་བས་གྲུབ་ཚུལ་འོག་ཏུ་གསལ་ཞིང་། དེར་མ་ཟད་རང་བཞིན་གྱིས་སམ་རང་དབང་དུ་གྲུབ་པར་འཛིན་པ་སོགས་དང་གོ་དོན་གཅིག་ཏུ་བབས་པ་ལ་ཡང་ཆེས་འབྲེལ་བ་ཡོད་པར་སྣང་སྟེ། ལམ་རིམ་ཆེན་མོ་ལས། རང་དབང་བ་ནི་རང་གི་ངོ་བོས་གྲུབ་པར་སྣང་བའི་ཚེ་ན་ཤེས་པ་དེ་དག་ལ་གཞན་ལ་རག་མ་ལས་སུ་སྣང་ཞིང་སྣང་བ་ལྟར་ཡང་གྲུབ་པའི་དོན་ནོ།། འོན་ཀྱང་རྒྱུ་རྐྱེན་གཞན་ལ་རག་མ་ལས་ལ་བྱས་ན་དེ་བཀག་ན་ནི་རང་སྡེ་ལ་བསྒྲུབ་མི་དགོས་པ་དང་། དེ་ཁེགས་ཀྱང་དབུ་མའི་ལྟ་བ་རྙེད་པར་འཇོག་མི་ནུས་པས་ཡུལ་སྟེང་དུ་རང་གི་ངོ་བོའི་སྒོ་ནས་རང་ཚུགས་ཐུབ་པའི་སྡོད་ལུགས་ལ་རང་དབང་བར་བྱའོ།། ཞེས་གསུངས་པས་ལེགས་པར་གོ་བར་སྣང་།

དེ་ཡང་རང་ཚུགས་ཐུབ་པ་སྟོང་ཉིད་ཀྱི་དགག་བྱ་ཡིན་པར་རྗེ་ཡབ་

སྲས་ཀྱི་གསུང་ནང་དུ་གསལ་ཏེ། རྩ་ཤེ་ཊཱིཀ་ཆེན་རབ་བྱེད་ཉེར་བཞི་པ་ལས། རང་ལ་ཚུགས་ཐུབ་ཀྱི་རང་བཞིན་མེད་པ་སྟོང་པའི་དོན་དུ་བཤད་པའི་ཕྱིར། ཞེས་དང་། འདི་ནི་ཕན་ཚུན་བརྟེན་དགོས་པས་ན་རང་ལ་ཚུགས་ཐུབ་ཀྱི་རང་བཞིན་ཡོད་པ་མི་བདེན་པའི་དོན་ནོ།། ཞེས་དང་། དེ་བཞིན་ལམ་རིམ་ཆུང་བ་དང་། རྩ་ཤེ་ཊཱིཀ་ཆེན་རབ་བྱེད་ལྔ་པ། བརྒྱད་པ། སྤྱོད་འཇུག་རྣམ་བཤད་ལེའུ་དགུ་པ། སྟོང་ཐུན་སྐལ་བཟང་མིག་འབྱེད་སོགས་ལས་ཀྱང་གསལ་བར་གསུངས།

དེ་ཡང་རང་ཚུགས་ཐུབ་པ་དེ་སྟོང་ཉིད་ཀྱི་དགག་བྱ་ཕྲ་མོ་ཡིན་པར་གསལ་བ་འདིས། ལྟ་བ་རྟེན་འབྱུང་དང་སྤྱོད་པ་འཚེ་བ་མེད་པ་ཞེས་བརྗོད་པར་ཡང་གོ་བ་ལེགས་པར་སྟེར་བར་སྣང་སྟེ། གཞན་ལ་བརྟེན་དགོས་པས་རང་ཚུགས་མི་ཐུབ་ཅེས་པས། ལྟ་བ་རྟེན་འབྱུང་དང་། གཞན་ལ་བརྟེན་ཚུལ་ཡང་རྒྱུད་ཀྱི་བསྡུས་མ་བསྡུས་ཀྱི་ཆོས་དུ་མ་ལ་བརྟེན་དགོས་པ་དང་། ཁྱད་པར་དུ་སེམས་ཅན་ལ་ཕྱོགས་མང་པོ་ནས་བརྟེན་དགོས་པ་ནི། རྒྱལ་ཁབ་དང་ཚོགས་པ་ཆེ་ཆུང་། མཛའ་བཤེས་སྤུན་གྲོགས་དང་། བཟའ་ཚང་སོགས་ལ་ཕན་ཚུན་བརྟེན་དགོས་ཚུལ་འདྲ་མིན་བསམ་ན་སྤྱོད་པ་འཚེ་བ་མེད་པ་དེའི་སྟོབས་ཤུགས་ཀྱིས་འབྱུང་བར་གསལ་བར་སྣང་ངོ་།།

དགག་བྱ་འགོག་བྱེད་ཀྱི་རྟགས་ཀྱི་གཙོ་བོའི་སྐོར།

དེས་ན་དགག་བྱ་རང་ཚུགས་ཐུབ་པ་དེ་འགོག་བྱེད་ཀྱི་གཙོ་བོ་ལ། འགལ་ཟླ་དམིགས་པའི་རྟགས་རྟེན་འབྲེལ་གྱི་གཏན་ཚིགས་དང་། འབྲེལ་ཟླ་མ་དམིགས་པ་གཅིག་དུ་བྲལ་གྱི་གཏན་ཚིགས་གཉིས་ལས། དང་པོ་ལ། སྤྱིར་རྟེན་འབྲེལ་ལ། ཡན་ལག་དང་ཡན་ལག་ཅན་དང་། ཆ་དང་ཆ་ཤས་དང་། ཡོན་ཏན་དང་ཡོན་ཏན་ཅན་ལ་བརྟེན་པ་སོགས་མང་དུ་གསུངས་ཀྱང་། དོན་བསྡུས་ན། འཇུག་པའི་རྣམ་བཤད་དུ། དེ་རྣམས་ལེགས་པར་ཤེས་ན་ཆོས་ཐམས་ཅད་བརྟེན་ནས་བཞག་དགོས་པ་དང་། བརྟེན་ནས་བཏགས་པ་དང་བརྟེན་ནས་སྐྱེས་པ་ཉིད་ཀྱིས་རང་གི་ངོ་བོས་གྲུབ་པ་མེད་པ་དང་། ཐ་སྙད་གཞན་གྱི་དབང་གིས་བཞག་པ་མིན་པའི་རང་དབང་བའི་ངོ་བོ་མེད་པ་དང་། ཆོས་གང་ཡོད་པར་འཛོག་ནའང་བཏགས་དོན་མ་བཙལ་བར་འཛོག་པ་རྣམས་ལེགས་པར་ཤེས་པར་འགྱུར་རོ།། ཞེས་བརྟེན་ཚུལ་གསུམ་གསུངས་པའི་རིམ་བཞིན་པ་རི་ཚུ་

རི་དང་། བདག་དང་ཕུང་པོ། ཕ་དང་བུ་ལྟ་བུ་རྣམས་ཏེ། ཚིག་གཅིག་ཏུ་བསྡུས་ན། ཤིང་འབྲས་དམར་པོ་ཆེན་པོ་ཞེས་པས་ཤིང་ལ་བརྟེན་ནས་སྐྱེ་བ་དང་། མདོག་ལ་བརྟེན་ནས་བཏགས་པ། ཚུང་བ་ལ་བརྟེན་ནས་བཞག་པ་ཞིག་གོ་དགོས་པར་སྣང་།

འདི་ལ་ཁ་ཅིག་ན་རེ། དེ་ལྟར་ན། ཕྱི་རོལ་པས་ཀྱང་རྟེན་འབྲེལ་ཁས་ལེན་པར་འགྱུར་བ་དང་། རང་རྒྱུད་པ་སོགས་ཀྱིས་ཀྱང་རྟེན་འབྲེལ་ལེགས་པར་རྟོགས་པར་འདོད་དགོས་པར་འགྱུར་རོ།། ཞེ་ན། འདོད་དགོས་པར་སེམས་ཏེ། སྟོང་ཐུན་སྐལ་བཟང་མིག་འབྱེད་ལས། རྟེན་འབྲེལ་གྱི་གཏན་ཚིགས་འདི་ཉིད་ཀྱི་ཡང་ཕྱོགས་ཆོས་ནི་དངོས་པོ་རྣམས་རྒྱུ་མེད་དུ་སྐྱེ་བར་འདོད་པ་མ་གཏོགས་གཞན་རྣམས་ཀྱི་ངོར་གྲུབ་ཟིན་པས་སྒྲུབ་མི་དགོས་ལ། ཞེས་གསུངས་པས་ལེགས་པར་གོ་ལ། དེ་ལྟར་ན། ལེགས་བཤད་སྙིང་པོ་ལས། དངོས་པོ་རྟག་པར་སྨྲ་བའི་ཕྱི་རོལ་པས་རྟེན་འབྲེལ་ཁས་མི་ལེན་པས། ཞེས་གསུངས་པ་དང་འགལ་ལོ་ཞེ་ན། ལུང་དེའི་དོན་ནི། དངོས་པོ་རྟག་པའམ་རྟག་དངོས་ཀྱི་གང་ཟག་དང་། རྟག་དངོས་ཀྱི་ཆོས་ཁས་ལེན་པའི་གཞན་སྡེ་རྣམས་ཀྱིས་སྤྱི་གཙོ་བོ་དང་། སྤྱི་དོན་གཞན་དེ་དག་རྒྱུ་རྐྱེན་ལ་བརྟེན་པའི་རྟེན་འབྲེལ་མི་འདོད་པའི་དོན་ཡིན་གྱི། ཕྱིར་དེ་

དག་གིས་རྒྱུ་རྐྱེན་ལ་བརྟེན་པའི་རྟེན་འབྲེལ་འདོད་པ་ནི་རྒྱུ་འབྲས་ལ་སྦྱོར་བཞི་བརྩི་ཚུལ་སོགས་ལས་ལེགས་པར་གོའོ་སྙམ།

རྟེན་འབྲེལ་ཕྲ་རགས་ལ་དཔྱད་པ།

རང་རྒྱུད་པ་སོགས་ཀྱིས་རྟེན་འབྲེལ་དེ་རང་བཞིན་མེད་པར་སྒྲུབ་པའི་འགལ་རྟགས་སུ་སོང་བར་འདོད་དགོས་པས། རྟེན་འབྲེལ་ཕྲ་མོ་དེ་འཇོག་མི་ཤེས་ཀྱང་། རྟེན་འབྲེལ་མ་རྟོགས་པར་འདོད་མི་དགོས་ཏེ། བཞི་བརྒྱ་པའི་རབ་བྱེད་དང་པོའི་འགྲེལ་པའི་མཐར། གང་ཕྱིར་ཀྱིས་རྟེན་ཅིང་འབྲེལ་བར་འབྱུང་བའི་དོན་ཇི་ལྟ་བ་བཞིན་རྟོགས་པ་དང་བརྗོད་མི་ཤེས་པ་འདི་ནི་ཁྱད་པར་རོ།། ཞེས་དང་། ལམ་རིམ་ཆེན་མོ་ལས། རྟེན་འབྲེལ་དེ་ལ་རང་བཞིན་གྱིས་གྲུབ་པར་སྒྲོ་བཏགས་ནས་དངོས་པོའི་རང་གི་ངོ་བོ་ཉིད་དུ་བརྗོད་པས་ན་རྟེན་འབྲེལ་ཇི་བཞིན་མ་རྟོགས་པ་དང་ཇི་བཞིན་མིན་པར་བརྗོད་ལ། ཁོ་བོས་ནི་རང་བཞིན་མེད་པར་འདོད་ཅིང་དེ་ལྟར་སྨྲ་བས་ཁྱད་པར་ནི་དེའོ།། ཞེས་གསུངས་པས་གོ་བར་སྣང་།

འོ་ན། རྟེན་འབྲེལ་བློ་མོ་དེ་ཇི་ལྟར་ཡིན་སྙམ་ན། དེ་ཡང་འཇུག་པའི་རྣམ་བཤད་དུ། ཆོས་གྲུབ་འདི་ལ་གཉིས་ཀ་ཕན་ཚུན་ལྟོས་པའི་ཐུན་མོང་མ་ཡིན་པའི་འཇོག་ལུགས་ཡོད་པ་རྣམས་ཤེས་དགོས་པར་ཡོད་དོ།། ཞེས་གསུངས་པ་ལྟར། རྗེ་ཤེ་ཏི་ཀ་ཆེན་རབ་བྱེད་བརྒྱད་པ་ལས། རྒྱུ་འབྲས་ལ་སོགས་པ་དེ་དག་ཀུང་ཐ་སྙད་ཕན་ཚུན་ལྟོས་པ་ཙམ་དུ་མ་ཟད་དོན་གཉིས་ཀུང་ཕན་ཚུན་ལྟོས་པ་གཞུང་གི་དོན་ཡིན་ཏེ། ཞེས་དང་། དེས་ན་མེ་ཡང་དུ་བ་བསྐྱེད་བྱ་ཡིན་པ་ལ་བརྟེན་ནས་འཇོག་གི་རང་གི་ངོ་བོས་རང་དབང་དུ་གྲུབ་པ་མེད་པས་ལུགས་གཞན་ལས་མེ་དུ་བ་ལ་མི་ལྟོས་པར་བཤད་པ་སོགས་དང་མི་འདྲའོ།། ཞེས་པ་ལྟར་ཏེ། དེ་ཡང་མེ་དུ་གཉིས་རྒྱུ་དང་འབྲས་བུ་ཡིན་པའི་ཐ་སྙད་ཕན་ཚུན་ལྟོས་པར་མ་ཟད། དུ་བ་འདི་ནི་མེ་འདིའི་བསྐྱེད་བྱའོ།། ཞེས་མེ་དུ་བ་ལ་བརྟེན་ཚུལ་ཡང་དེ་ལྟར་དུ་གསུངས།

དེའི་ཚུལ་ཡང་རྗེ་ཤེ་ཏི་ཀ་ཆེན་རབ་བྱེད་བཅུ་པའི་དབུར། གལ་ཏེ་མེ་འདི་ནི་བུད་ཤིང་འདིའི་སྲེག་པ་པོའོ་ཞེས་བུད་ཤིང་ལ་ལྟོས་ནས་མེར་འཇོག་པ་ཡིན་ལ། གལ་ཏེ་བུད་ཤིང་ནི་མེ་འདིའི་བསྲེག་བྱའོ་ཞེས་མེ་ལ་ལྟོས་ཏེ་བུད་ཤིང་འཇོག་པ་ནི། ཞེས་གསུངས་པས་ལེགས་པར་མཚོན་ནུས་པར་སྣང་ལ། དེས་ན། འདིས་བུད་ཤིང་མེ་ལ་བརྟེན་ཚུལ་གསུངས་

པ་ལྟར་གོང་གསལ་རབ་བྱེད་བརྒྱད་པར། མེ་ཡང་དུ་བ་བསྐྱེད་བྱ་ཡིན་པ་ལ་བརྟེན་ནས། ཞེས་པ་ཡང། སྐྱེད་བྱེད་ཡིན་པ་ལ་གོ་དགོས་པ་མིན་ནམ་སྙམ་སྙེ་དཔྱད་དགོས་པར་སྣང།

དེ་ལྟར་ན། རྩ་ཤེ་ཊཱི་ཀ་ཆེན་རབ་བྱེད་བཅུ་པར། དཔེར་ན་བུམ་པ་ལས་གཞན་དུ་གྱུར་པའི་སྣམ་བུ་ནི་བུམ་པ་ལ་ལྟོས་པ་མེད་པར་མཐོང་བ་བཞིན་ནོ།། ཞེས་གསུངས་པ་དང་འགལ་ལོ་ཞེ་ན། མི་འགལ་ཏེ། རབ་བྱེད་བཅུ་བཞི་པར། བུམ་པ་སྣམ་བུ་ལས་གཞན་ཡིན་པ་དེ་སྣམ་བུ་ལ་ལྟོས་ལ། བུམ་པའི་ངོ་བོ་འགྲུབ་པ་སྣམ་བུ་ལ་མི་ལྟོས་པར་གསུངས་པ་བཞིན་ལྟོས་གྲུབ་ཡིན་མིན་གྱི་ཁྱད་པར་རྣམས་ཕྱེད་པར་བྱའོ།། ཞེས་གསུངས་པ་ལས། རྟ་གླང་ལ་སོགས་པ་འདི་འདྲའི་རིགས་ཐམས་ཅད་ཕན་ཚུན་ཐ་དད་ཡིན་པ་སོགས་ལ་བརྟེན་ནས་བཞག་དགོས་པས་ཕན་ཚུན་བརྟེན་ནས་བཞག་པའི་དོན་ཡང་དེ་ལྟར་དུ་གོ་དགོས་པར་སྣང་ལ། དེ་ཡང་སྐབས་གཅིག་ལ་དེ་ལྟར་བྱུང་བ་ཙམ་གྱིས་དེ་ལྟར་ལྟོས་པ་འཇོག་པ་ལས་རྣམ་པ་ཐམས་ཅད་དུ་ལྟོས་དགོས་པ་མིན་པར་སེམས།

མདོར་ན། རྒྱུ་པས་ཕྱོགས་གསུམ་ཀ་ནས་བརྟེན་པའི་ཤིང་སྡོང་དེ། རང་ཚུགས་མི་ཐུབ་ཚུལ་བརྗོད་པ་ན། དེ་གཏན་ནས་མེད་པར་མི་གོ

བར་གཞན་དག་ལ་བརྟེན་ནས་ཡོད་པར་ཤུགས་ཀྱིས་གོ་བ་དང་། འདི་གཞན་དག་ལ་བརྟེན་ནས་ཡོད་ཚུལ་བརྗོད་པ་ན། དེ་རང་ཚུགས་མི་ཐུབ་པར་དགག་བྱ་རང་ཚུགས་ཐུབ་པ་དེ་མེད་པར་ཤུགས་ཀྱིས་གོ་ཐུབ་པས། སྟོང་པ་དང་རྟེན་འབྱུང་གཉིས་གཅིག་དོན་གཅིག་ཏུ་འགྲོ་ཚུལ་ལ་ཡང་གོ་བ་ལེགས་པར་སྐྱེར་བར་སྣང་ལ། དེ་ལྟར་མིན་པར་ཤིང་རྟ་རང་གི་ཡན་ལག་རྣམས་ཕྲལ་ཏེ་བཤིགས་པ་ན་དེ་མེད་པར་འགྱུར་བ་དེ་ཉིད་དང་། ཡང་དེའི་ཡན་ལག་རྣམས་ཚུར་བསྒྲིགས་པའི་ཚེ་ཤིང་རྟ་གྲུབ་ཚུལ་དེ་ཉིད་སྟོང་པ་དང་རྟེན་འབྱུང་གཅིག་དོན་གཅིག་ཏུ་གོ་ཚུལ་སླ་བ་ནི་ལས་སླ་ཤོས་སུ་སྣང་བས་མི་འཐད་པར་གསུངས།

དེ་ཡང་། འཇུག་པའི་རྣམ་བཤད་ལས། རིགས་པའི་རྒྱལ་པོ་རྟེན་འབྱུང་གི་རིགས་པ་ཉིད་ཀྱིས། ཞེས་གསུངས་པ་ལྟར། རིགས་པ་འདིས་ལྟ་ངན་གྱི་དྲྭ་བ་མཐའ་དག་གཅོད་པ་དང་། ལྷང་དོར་གྱི་རྣམ་བཞག་ཐམས་ཅད་འཐད་ལྡན་དུ་གོ་བ་ལ་རྟགས་གཞན་ལས་ཁྱད་པར་དུ་འཕགས་ཚུལ་ངེས་པ་ལེགས་པར་སྐྱེར་བས། རིགས་པའི་རྒྱལ་པོ་ཞེས་གསུངས་པ་ཡིན་པར་གོ་དགོས་པར་སྣང་ངོ་།།

ཁྱབ་བྱེད་མ་དམིགས་པའི་གཏན་ཚིགས།

གཉིས་པ་གནད་བཞི་ཚང་བའི་ཁྱབ་བྱེད་མ་དམིགས་པའི་གཏན་ཚིགས་ཀྱིས་འགོག་ཚུལ་གྱི་གནད་བཞི་ནི། དགག་བྱ་དང་། ཁྱབ་པ། གཅིག་བྲལ། དུ་བྲལ་དུ་ངེས་པའི་གནད་བཅས་ཡིན་ལ། དེ་ཡང་མཁས་གྲུབ་རིན་པོ་ཆེའི་ལྟ་ངན་མུན་སེལ་སྒྲོན་མེར། ང་རང་བཞིན་གྱིས་ཡོད་ན། ལུས་ཀྱི་ཕྱི་ནང་དང་སྟོད་སྨད་བར་གསུམ་གང་རུང་ན་ཡོད་དགོས་པ་ལ་དེ་དག་ན་མི་འདུག་པས་ང་རང་བཞིན་གྱིས་མེད་དོ་སྙམ་དུ་སྒོམ་པ་ཡིན་ན་ནི་ཤིན་ཏུ་མི་རིགས་ཏེ། ང་རང་བཞིན་གྱིས་གྲུབ་ན་གྲུབ་ཚུལ་ཇི་ལྟར་ཡོད་ཅེས་དཔྱོད་པ་ནི། ཡོད་པ་ལ་གཅིག་དང་དུ་མར་ཁ་ཚོན་ཆོད་པས་བདེན་པར་ཡོད་ན་ཡང་བདེན་པའི་གཅིག་དང་བདེན་པའི་དུ་མ་གང་རུང་དུ་ཡོད་དགོས་པའི་ཕྱིར། དེ་གཉིས་གང་དུའང་མེད་ན་བདེན་པར་མེད་དགོས་ལ། དེའི་ཕྱིར་གཅིག་དང་དུ་བྲལ་གྱི་རྟགས་ཀྱིས་བདེན་མེད་དུ་ངེས་པར་བྱེད་པ་ལྟར། གྲུབ་ན་གྲུབ་ཚུལ་འདི་དང་འདི་གང་རུང་གཅིག་ཏུ་གྲུབ་

དགོས་ཞེས་ཁ་ཚོན་ཆོད་པ་ཞིག་གིས་བརྟག་པ་བྱས་ནས། གྲུབ་ཚུལ་དེ་དག་གང་དུའང་མ་རྙེད་ན་མེད་པའི་ངེས་པ་སྐྱེ་བར་རིགས་ཀྱི། རང་བཞིན་གྱིས་གྲུབ་ཀྱང་གྲུབ་ཚུལ་དེ་དག་ཏུ་ཡོད་མི་དགོས་པ་ལ། གྲུབ་ཚུལ་དེ་དག་ཏུ་མེད་པས་རང་བཞིན་གྱིས་མེད་པར་ངེས་ཤེས་འདྲེན་མི་ནུས་ལ། ཞེས་གསུངས་ལ། དེ་ཡང་དཔེར་ན་རི་བོང་གི་རྭ་ཡོད་ན་རི་བོང་དེའི་མགོ་ལ་ཡོད་དགོས་ཀྱི། དེའི་རྐང་ལག་སོགས་ལ་ཡོད་མི་དགོས་པ་ལྟར་དུ་གསུངས་པ་ཡིན་པར་སྣང་ངོ་།།

བདེན་པའི་གཅིག་དང་ཐ་དད་འཛིན་ཚུལ་ལ་དཔྱད་པ།

གོང་གསལ་དེ་ལྟར་ཡིན་པའང་། དཔལ་ལྡན་ཟླ་བ་གྲགས་པའི་དབུ་མ་འཇུག་པ་ལས། མང་བས་བདག་དེ་དག་ཀྱང་མང་པོར་འགྱུར།། ཞེས་གསུངས་པའི་ཐད་དུ་འཇུག་པའི་རྣམ་བཤད་ལས། འདི་ནི་མང་པོ་དང་ངོ་བོ་གཅིག་པར་འདོད་པ་ཙམ་ལ་འཐེན་དུ་མི་རུང་བས། བདག་དང་ཕུང་པོ་གཉིས་ཐ་དད་གཏན་མེད་གཅིག་ཏུ་འདོད་པ་ལ་འཐེན་པའོ།། དེ་ཡང་དང་

པོ་ནས་གཞན་གྱིས་དེ་ལྟར་ཁས་མ་བླངས་པས། ངོ་བོ་གཅིག་པ་དང་ཐ་དད་ཙམ་ཡིན་པ་རྫུན་པ་ལ་སྐྱོན་མེད་ཀྱང་བདག་ཕུང་གཉིས་བདེན་པར་ཁས་ལེན་པ་ལ་ངོ་བོ་གཅིག་ན་དབྱེར་མེད་ཀྱི་གཅིག་ཏུ་ཕྱུལ་ནས། དེའི་འོག་ཏུ་བདག་མང་པོ་དང་ཕུང་པོ་ལྔ་གཅིག་ཏུ་ཐལ་བ་འཕང་ངོ༎ ཞེས་གསུངས་པས་གོ་ནུས།

དེ་ལ་བདག་ཕུང་བདེན་པར་གྲུབ་ན་དེ་ལྟར་གྲུབ་པའི་གཅིག་དང་ཐ་དད་གང་རུང་དུ་ངེས་པར་གྲུབ་དགོས་ཚུལ་ནི། ཡུལ་དུས་ཀུན་ཏུ་རྫུན་པ་སྤངས་ཏེ་བདེན་པར་གནས་དགོས་པས། བློ་གང་ལ་སྣང་ཡང་གཅིག་པར་སྣང་དགོས་ལ། བདག་ཕུང་གཉིས་མངོན་སུམ་གྱི་སྣང་ངོར་ཆུ་དང་འོ་མ་འདྲེས་པ་ལྟ་བུ་སོ་སོར་ཕྱེ་རྒྱུ་མེད་པ་ལྟར། རྟོག་པའི་ངོར་ཡང་དེ་ལྟར་འགྱུར་བས་ཕྱོག་པའང་གཅིག་ཏུ་འགྱུར་བ་དང་། ཡང་རྟོག་ངོར་ཟླ་བ་དང་སྐར་མ་ལྟ་བུ་སོ་སོར་འཆར་བ་ལྟར། མངོན་སུམ་གྱི་སྣང་ངོར་ཡང་ཟླ་བ་སྐར་མ་ལྟར་འབྲེལ་མེད་དུ་སྣང་ཞིང་གྲུབ་དགོས་པའི་གནད་ཀྱིས་སོ་སྙམ།

དེར་མ་ཟད་གོང་གསལ་གཞུང་ཚིག་དེས་དབུ་མའི་ལྟ་བ་རྙེད་ཟིན་ཀྱང་ལྟ་བའི་དཔྱད་པ་མ་རྫོགས་པའི་དོན་དུ་འགྲེལ་མཁན་མང་དུ་བྱུང་བར་ཐོས་མོད། དེ་ལྟར་ན་ཡང་གོང་གསལ་གཞུང་དུ་གོ་ཚུལ་དེ་ལྟར་ནི་དཀའ་

བ་མིན་ཚུལ་དང་། དཀའ་ས་ནི་ཞེས་པ་ནས་དབུ་མའི་ལྟ་བ་ཤིན་ཏུ་རྙེད་དཀའ་བ་ཡིན་ནོ་ཞེས་གསལ་བར་གསུངས་པས་རང་འགར་ཅང་མེད་སྟོང་སངས་ཙམ་མ་ཡིན་པར་ལྟ་བ་དངོས་དེ་རྙེད་ན། དེའི་ཚེ་ལས་འབྲས་སོགས་རྟེན་འབྲེལ་ལ་ངེས་པ་མ་དྲངས་ཀྱང་དེ་མ་ཐག་དེ་ལ་ངེས་པ་གཉིང་ནས་འཛོངས་པར་འགྱུར་བར་གོང་གསལ་ལྟར་གསུངས་པས་ལྟ་བའི་དཔྱད་པ་རྫོགས་ཚུལ་ཇི་ལྟར་ཡིན་མིན་འདིས་གོ་བར་སྣང་།

འོ་ན། གཅིག་དུ་བྲལ་གྱི་རྟགས་འགོད་ཡུལ་གྱི་རྐྱོལ་བས་ཆོས་ཅན་གྱི་སྟེང་དུ་རང་བཞིན་གྱིས་གྲུབ་པའི་གཅིག་དང་ཐ་དད་མ་གྲུབ་པར་རྟོགས་པར་འདོད་དགོས་ལ། དེ་ལྟར་ན། རྩ་ཤེ་ཊཱི་ཀ་ཆེན་རབ་གྱེད་གཉིས་པ་ལས། རང་བཞིན་གཅིག་དང་ཐ་དད་ཚད་མས་རྣམ་པར་བཅད་ན་རང་བཞིན་གྱིས་ཡོད་པའི་ཕྱུང་གསུམ་བློ་ངོར་ཡང་ལྡོག་དགོས་པ་ལ། འདིར་དེ་གཉིས་སུ་མ་གྲུབ་ཀྱང་རང་བཞིན་གྱིས་ཡོད་ཅེས་འཛིན་པ་འདི་ཇི་ལྟར་ཡིན་སྙམ་ན། དངོས་མིང་སོ་སོས་གོ་བྱ་ཐ་དད་དུ་མེད་པ་གཅིག་པའི་དོན་དང་། འབྲེལ་མེད་དོན་གཞན་དུ་ཡོད་པ་ལ་ཐ་དད་པའི་དོན་དུ་བཟུང་ནས་དེ་གཉིས་སུ་མ་གྲུབ་ཀྱང་རང་བཞིན་གྱིས་ཡོད་སྙམ་པ་ཡིན་ལ། ཞེས་རྐྱོལ་བ་དེས་རང་བཞིན་གྱིས་གྲུབ་པའི་གཅིག་དང་ཐ་དད་གང་དུ་མ་གྲུབ་

པ་དངོས་དེ་མ་རྟོགས་པ་ལྟ་བུ་གསུངས་པ་དང་། ཡང་ལ་ལས། བདག་དང་ཕུང་པོ་གཉིས་རང་བཞིན་གྱིས་སྐྱེ་བ་མེད་པ་དང་འགག་པ་མེད་པ་དེ་དག་སྟོང་ཉིད་དུ་འདོད་དགོས་པ་ལྟར། དེ་གཉིས་བདེན་པར་གྲུབ་པའི་གཅིག་དང་ཐ་དད་དུ་མ་གྲུབ་པའང་སྟོང་ཉིད་དུ་འདོད་དགོས་པས་གཅིག་དུ་བྲལ་གྱི་རྟགས་སུ་དེ་ལྟར་བཀོད་པ་ཇི་ལྟར་ཡིན་ཞེས་དཔྱད་དགོས་པར་སྨྲ་བ་ཡང་ཐོས།

འདི་ལ་མཁས་དབང་འགས། སྐྱོན་མེད་དེ། སྔོན་པོ་གཅིག་དང་། སྔོ་སེར་ཐ་དད་པའི་ཆ་ལ་དམིགས་ནས་རིམ་བཞིན་བདེན་པར་གྲུབ་པའི་གཅིག་དང་། བདེན་པར་གྲུབ་པའི་ཐ་དད་དུ་གྲུབ་པར་འཛིན་པ་བདེན་འཛིན་ཕྲ་མོ་ཡིན་ལ། སྔོན་པོ་དང་སྔོ་སེར་ཙམ་ལ་དམིགས་ནས་རིམ་བཞིན་བདེན་པར་གྲུབ་པའི་གཅིག་དང་ཐ་དད་དུ་གྲུབ་པར་འཛིན་པ་ནི་བདེན་འཛིན་ཕྲ་མོ་མ་ཡིན་པས། དེ་དག་གི་ཞེན་ཡུལ་བཀག་པའང་ཆོས་ཉིད་མ་ཡིན་ཞེས་གསུངས་ཀྱང་། དེ་ཡང་གདུལ་བྱའི་ངོར་ཙམ་ལས་སྨྲ་ཇི་བཞིན་པ་ཡིན་མིན་དཔྱད་བྱར་སྣང་ལ། དེ་ཡང་རང་གི་དམིགས་ཡུལ་དུ་གྱུར་པའི་གཟུང་བ་དང་འཛིན་པའི་ཆོས་ལ་དམིགས་ནས་བདེན་པར་གྲུབ་པའི་ལོངས་སྤྱོད་བྱར་སྤྱོད་བྱེད་དུ་འཛིན་པ་དེ་ཉིད། རང་རྒྱུད་

པས་བདེན་འཛིན་ཡིན་པས་ཞེས་སྒྲིབ་ཏུ་འདོད་པ་དང་། ཐལ་འགྱུར་བས་བདག་འཛིན་ཡིན་པས་ཉོན་སྒྲིབ་ཏུ་བཞེད་པ་དང་མཚུངས་པར་སྣང་ལ། དེ་བཞིན་དུ་ཤིང་རྟ་ལ་དམིགས་ནས་ཡན་ལག་དང་ལྡན་པ་དོན་དམ་པ་དང་། ཡན་ལག་དང་ལྡན་པར་དོན་དམ་པར་གྲུབ་པར་འཛིན་པ་ཞེས་ར་སྒྲ་སོགས་ལ་དོན་ཡོད་མེད་གཉིས་ཀྱི་ཁྱད་པར་ཕྱེད་དགོས་པར་སྣང་སྟེ་དཔྱད་དགོས་པར་སེམས།

དེས་ན་དེ་དག་གི་ཁྱད་པར་ཕྱོག་ཆ་ཕྱེ་ཚུལ་གྱི་དབང་གིས་ཡིན་པར་སྣང་སྟེ། ཆོས་དེ་གཅིག་ཡིན་པ་དང་ཆོས་དེ་གཉིས་ཐ་དད་ཡིན་པ་གཞིར་བྱས་ནས་རིམ་བཞིན་བདེན་པར་གྲུབ་པའི་གཅིག་དང་། དེ་ལྟར་གྲུབ་པའི་ཐ་དད་དུ་གྲུབ་མ་གྲུབ་ཕྱེ་བ་ལྟར་ན། དེ་དག་བདེན་པར་གྲུབ་པའི་གཅིག་དང་ཐ་དད་དུ་མ་གྲུབ་པ་ཆོས་ཉིད་ཡིན་པར་འདོད་དགོས་ཏེ། དེ་ཡང་གཞིར་བྱས་ཞེས་པ་ནི་དམིགས་པ་ལ་མི་གོ་བར་ཁྱད་པར་དུ་བྱས་པ་ལ་གོ་དགོས་ཤིང་། དེ་ནི་དཔེར་ན། སེམས་ཅན་ལ་དམིགས་པའི་སྙིང་རྗེ་དེས་མི་རྟག་པས་ཁྱད་པར་དུ་བྱས་པའི་སེམས་ཅན་ལ་དམིགས་པའི་ཚེ་སྟོན་དུ་སེམས་ཅན་མི་རྟག་པ་ངེས་དགོས་ཀྱང་དེས་སེམས་ཅན་མི་རྟག་པར་དམིགས་མི་དགོས་པ་དང་འདྲ་བས་གོང་དུ་གཞན་དག་གི་འདོད་པའི་

གཅིག་དང་ཐ་དད་ཀྱི་སྒོ་ནས་དམིགས་པའི་ཁྱད་པར་ཡིན་ཚུལ་བཤད་པ་དང་མི་འདྲ་བར་སེམས།

དེ་ཡང་ཆོས་དེ་བདེན་པར་གྲུབ་པ་གཞིར་བྱས་ནས་དེའི་གཅིག་གམ་ཐ་དད་དུ་གྲུབ་ཅེས་ཕྱེ་བ་ལྟར་ན་དེ་ལྟར་མ་གྲུབ་པ་དག་ཆོས་ཉིད་མ་ཡིན་ཏེ། ཁྱད་གཞི་ཁྱད་ཆོས་ནི་བརྗོད་ཚུལ་གྱིས་ཁྱད་པར་ལས་དེ་ལྟར་གོ་ཚུལ་ཡོད་དེ། དཔེར་ན། ཤིང་མ་ཡིན་གྱི་སྨྲ་ཞེས་པ་དེ་ལ་སྨྲ་དང་ཤིང་མ་ཡིན་པའི་ལྡོག་པའི་ཁྱད་པར་དུ་ཕྱེ་ཚུལ་གཉིས་དང་། དེ་བཞིན་རྩོལ་བྱུང་གི་དངོས་པོ་ཞེས་པ་ལའང་རྩོལ་བྱུང་གི་ལྡོག་ཆ་དང་དངོས་པོའི་ལྡོག་ཆ་ནས་ཕྱེད་ཚུལ་གཉིས་ཡོད་པར་རྣམ་འགྲེལ་ཐར་ལམ་གསལ་བྱེད་དུ་གསུངས་པ་ལྟར་རོ་སྙམ།

དེ་བཞིན་དུ། འཇུག་པར། གཞན་ལས་སྐྱེ་བ་འཇིག་རྟེན་ལས་ཀྱང་མེད།། ཅེས་པའི་ཐད་དུ་རྣམ་བཤད་ལས། གཞན་སྐྱེས་འཛིན་ན་དེ་གཉིས་རང་བཞིན་གྱིས་གྲུབ་པའི་ཐ་དད་པའི་འབྲེལ་མེད་དུ་འཛིན་དགོས་པས་དེ་ལྟར་འཛིན་པ་འཇིག་རྟེན་རང་འགའ་བ་ལ་མེད་ཚུལ་གསུངས་པ་སོགས་ཀྱིས་ཀྱང་འདི་ལ་གོ་བ་སྐྱེར་བར་སྣང་།

མདོར་ན། རྗེ་ཤེ་ཏི་ཀ་ཆེན་དུ་གསལ་བ་ལྟར། བདག་ཕུང་གཉིས

བདེན་པར་གྲུབ་ན། སྣང་བ་ལྟར་དུ་གྲུབ་དགོས་ཤིང་། དེ་ཡང་མངོན་སུམ་ལ་སྣང་བ་ལྟར་དུ་གྲུབ་ཚུལ་དང་། ཡང་ན་རྟོག་པ་ལ་སྣང་བ་ལྟར་དུ་གྲུབ་ཚུལ་གཉིས་ལས་མ་འདས་པས། དེའི་དབང་གིས་ཡིན་པར་སྣང་ཞིང་། དེ་ཡང་དཔེར་ན། དངུལ་ཁུག་ནང་དུ་སྒོར་མོ་སིལ་མ་ཙུང་དུ་ལས་མེད་ཀྱང་། དེའི་ནང་དུ་སྒོར་བརྒྱ་ཐམ་པ་ཡོད་སྙམ་སྟེ་འཚོལ་བའི་ཚེ་སྒོར་མོ་བརྒྱ་པ་ཞིག་གམ། ཡང་ན་སིལ་མ་སྒོར་བརྒྱའི་གྲངས་ཀ་ལོངས་པ་གང་ཡང་མ་རྙེད་ཚེ་སྒོར་བརྒྱ་ཡོད་སྙམ་པའི་འཛིན་པ་ཤུགས་ཆེར་ཡོད་པ་དེ་ལྡོག་པར་འགྱུར་བ་དང་འདྲ་བར་སྣང་།

ཡང་ལ་ལས། གཅིག་དུ་བྲལ་གྱི་རྟགས་འདིའི་རྟགས་ལོག་ཆོས་ལོག་གཉིས་ཡོད་ན་ཁྱབ་མཉམ་ཡིན་པས་དེ་ཁྱབ་བྱེད་མ་དམིགས་པའི་རྟགས་ཡང་དག་ཡིན་པར་འདོད་མི་རིགས་སོ་ཞེ་ན། སྐྱོན་མེད་དེ། དེ་ནི་གང་གི་ཐྫོ་ངོར་སྦྱོན་དུ་ཆོས་ལོག་དེ་ལྡོག་སྟོབས་ཀྱིས་རྟགས་ལོག་དེ་ལྡོག་པ་མིན་པས། རྟགས་ལོག་ལྡོག་སྟོབས་ཀྱིས་ཆོས་ལོག་དེ་ལྡོག་དགོས་པས་གནད་ཀྱིས་ཡིན་པར་སྣང་ངོ་།།

མདོར་ན། དབུ་མའི་ལྟ་བ་རྙེད་པ་ལ་ནི། དཔེར་ན། ཁྱད་གཞི་ཤིང་རྟ་ལ་ཤིང་རྟ་རང་བཞིན་གྱིས་གྲུབ་པ་བཅའ་ཏེ་དེ་རང་བཞིན་གྱིས་མེད་པར་

གོ་དགོས་པ་ལས། དེ་ལྟར་དུ་མ་གོ་བར་ཤིང་རྟ་ལ་ཤིང་རྟ་བཙལ་ཏེ་ཡུལ་སྟེང་དུ་མ་རྙེད་པ་ཙམ་ལ་ཤིང་རྟ་རང་བཞིན་མེད་པའི་དོན་དུ་གོ་བ་རྣམས་ཀྱིས་ལྟ་བ་མ་རྙེད་ཚུལ་སྟོན་པར་མ་ཟད། ཁྱད་པར་དུ་ཤིང་རྟ་རང་བཞིན་གྱིས་གྲུབ་ན་ཤིང་རྟ་དེ་ཉིད་དེའི་ཕྱི་ནང་གང་དུ་ཡོད་དཔྱད་པའམ་དེའི་ཡན་ལག་སོགས་ལས་གང་འཛོག་དཔྱད་པ་དེ་ཡང་། རྟེན་འབྲེལ་བཤིགས་པའི་ཚད་སྟོང་དུ་འགྱུར་བར་གསུངས་ཤིང་། དེ་ཁོ་ན་ཉིད་ལ་དཔྱོད་པའི་རིགས་པས་ཐ་སྙད་པའི་དོན་ལ་དཔྱད་པར་འགྲོ་བས་དེ་ཡང་མི་འཐད་ཚུལ་གོང་གསལ་རྣམས་ལས་གསལ་བར་གོ་བར་སྣང་།

དེར་མ་ཟད། རྩ་ཤེ་རྣམ་བཤད་རབ་བྱེད་ཉེར་གཉིས་པར། ལྷས་བྱིན་གནག་དང་ལྡན་པ་དང་རྣ་བ་དང་ལྡན་པའི་ལྡན་ཚུལ་ལྟར་དེ་བཞིན་གཤེགས་པ་ཕུང་པོ་དང་ལྡན་པ་ཡང་ངོ་བོ་ཉིད་ཀྱིས་ཡོད་པ་མིན་ཏེ། རིམ་པ་བཞིན་དུ་རང་བཞིན་གྱིས་ཐ་དད་པ་དང་གཅིག་ཏུ་མ་གྲུབ་པའི་ཕྱིར་རོ།། ཕྱོགས་ལྷག་མ་གསུམ་དང་པོ་གཉིས་སུ་ཅི་རིགས་པར་འདུ་བས་གཅིག་ཐ་དད་ཀྱི་ཕྱོགས་གཉིས་སུ་འདུ་མོད་ཀྱང་། འཇིག་ལྟས་འཛིན་ཚུལ་གྱི་འཇུག་པ་ལ་ལྟོས་ནས་འདི་དང་བཅུ་པར་ཕྱོགས་ལྔ་གསུངས་སོ།། ཞེས་གསུངས་པས་ལེགས་པར་གོའོ་སྙམ་མོ།།

ཁྱབ་པ་ངེས་པའི་གནད་ཀྱི་སྐོར།

གཏན་ཚིགས་འདིའི་གནད་བཞི་ལས་གཞན་རྣམས་བསྡུས་ཙམ་རེ་བརྗོད་ཟིན་ལ། དེ་ལས་ཁྱབ་པ་ངེས་པའི་གནད་འདིའི་སྐོར་གྱི་དོགས་འཆར་ནི། འདི་ལ་ཁ་ཅིག་གིས་ཚོད་དཔག་ཙམ་ལས་ཁྱབ་པ་བསྒྲུབ་མི་ནུས་ཏེ། དཔེར་ན། ངང་པ་དཀར་པོ་མ་གཏོགས་མཐོང་མྱོང་མེད་པའི་ངོར་ངང་པ་ལ་དཀར་པོས་ཁྱབ་སྙམ་པ་དེ་ཕྱིས་སུ་ངང་པ་སེར་པོ་ཞིག་མཐོང་བའི་ཚེ་བློ་དེ་ལྡོག་འགྲོ་བ་ལྟར་རོ་ཞེས་ཟེར། དེ་ནི་བརྟ་སྦྱོར་བའི་ཆོས་ཁ་དོག་ཙམ་གྱི་སྒོ་ནས་བརྟ་སྦྱོར་བས་ནོར་ལ། དེའི་ཚེ་བརྟ་སྦྱོར་བའི་ཆོས་བྱ་དེའི་དབྱིབས་ཀྱི་བཀོད་པ་ཐུན་མོང་མ་ཡིན་པ་དེ་བཟུང་ནས་སྦྱོར་ན་རྗེས་སུ་དེ་འདྲ་བ་མ་གཏོགས་གཞན་ལ་ངང་པའོ་སྙམ་པའི་བློ་མི་སྐྱེ་བས་ཚོད་དཔག་ཙམ་མིན་པར་ཁྱབ་པ་ངེས་ཐུབ་པ་ཡིན་པར་སེམས། སྔར་ནས་འདི་དང་མཚུངས་པར་ཛ་ཡ་ཨནནྟས་ཀྱང་ཆོལ་ཕྱིར་ཆོལ་གཉིས་ཀྱིས་ཚུལ་གསུམ་གྲུབ་པར་ཁས་ལེན་པ་ཙམ་ལས་ཚད་མས་གྲུབ་པ་མི་

འཐད་ཚུལ་བཤད་པ། རྗེ་རིན་པོ་ཆེས་ལེགས་པར་བཀག་ཟིན་པ་ལས་གོ་བར་ནུས་སོ་སྙམ།

དེས་ན་རྟགས་ཆོས་ཁྱད་པར་བ་གཉིས་ལྡན་གྱི་མཐུན་དཔེ་ཡང་དག་བཞག་ནས་བསྒྲུབ་དགོས་པ་ལས་དེ་ལྟར་མ་བྱུང་ན་སྦྱོར་བའི་འགོད་ཚུལ་ཇི་ལྟར་བྱས་ཀྱང་རང་ལ་ལྟག་ཆོད་ཀྱི་ཉེས་པ་བབས་ཚུལ། ལེགས་བཤད་སྙིང་པོར་སེམས་ཙམ་པའི་རང་རིག་སྒྲུབ་པའི་རྟགས་འགོག་ཚུལ་ལས་གསལ་བར་ཤེས་སོ་སྙམ་མོ།།

དོན་དམ་པར་གྲུབ་ཚུལ་གཉིས་གསུངས་པའི་དོན་ལ་དཔྱད་པ།

འོ་ན་དོན་དམ་པར་གྲུབ་ཚུལ་གཉིས་བཤད་པས་བུམ་སོགས་མཉམ་བཞག་ཡེ་ཤེས་སམ་ཐོས་བསམ་སྒོམ་གསུམ་གྱི་རིགས་ཤེས་ཀྱི་ངོར་ཡོད་པ་ལའང་དོན་དམ་དུ་ཡོད་པ་ཞེས་གསུངས་པ་དེ་ཇི་ལྟར་ཡིན་སྙམ་ན། དེ་ནི་བུམ་པ་དང་བུམ་པའི་ཡན་ལག་རྣམས་དོན་དམ་པར་གྲུབ་ན་དོན་དམ་པར་འཕགས་པའི་མཉམ་བཞག་ཡེ་ཤེས་ཀྱིས་གཟིགས་དགོས་པ་ལས་

དེ་ལྟར་མ་གཟིགས་པའི་ཕྱིར་ཞེས་དོན་དམ་པར་མེད་ཅེས་པ་ནི་མཐར་གཏུགས་ན་དོན་དམ་དེའི་ངོར་ཡོད་དགོས་པའི་སྒྲ་བཤད་ཙམ་དུ་ཡོད་པ་ལ་དེ་ལྟར་དུ་གསུངས་པར་གོ་དགོས་པར་སྣང་།

བུམ་སོགས་ཐོས་བསམ་སྒོམ་གསུམ་གྱི་རིགས་ཤེས་ཀྱིས་རྟེན་པར་འཛིན་པ་ནི། མཐར་ཐུག་དཔྱོད་པའི་རིགས་པས་དཔྱད་བཟོད་དུ་འཛིན་པ་ཡིན་པ་ལས་དེ་བདེན་འཛིན་དུ་འདོད་མི་རིགས་ལ། དེ་ཡང་འཇུག་པའི་རྣམ་བཤད་ལས་སྤྱི་མའི་ཡོད་འཛིན་ནི་ལྷན་སྐྱེས་ཀྱི་བདེན་འཛིན་མིན་ལ། ཞེས་གསུངས་པས་བདེན་འཛིན་ཡིན་ན་དེའི་ཞེན་ཡུལ་དང་བདེན་འཛིན་ལྷན་སྐྱེས་ཀྱི་ཞེན་ཡུལ་གཅིག་མཐུན་དང་། ཞེན་ཡུལ་དེ་གཉིས་བཀག་པའི་སྟོང་ཉིད་གཉིས་ཀྱང་ཁྱད་པར་གཏན་ནས་མེད་པར་ངེས་པར་དུ་གོ་དགོས་པར་སེམས།

འོ་ན། བྱེ་སྨྲས་བུམ་པ་ཀུན་རྫོབ་བདེན་པ་འཇོག་ཚུལ་དང་མི་འདྲ་བའི་ཁྱད་པར་ཇི་ལྟར་ཡིན་སྙམ་ན། དེ་ནི་དཔེར་ན། གསེར་བུམ་ལྟ་བུ་དེ་ཉིད་ཐོ་བས་བཅོམ་སྟེ་བཅལ་བ་ན་སྔར་གྱི་རང་ཚུགས་ཐུབ་པའི་བུམ་པ་དེ་ཡོད་མེད་བཅལ་བ་མིན་གྱི། དེའི་ཆ་ཤས་རྡུལ་ཕྲན་རེ་རེ་ནས་གསེར་ཡིན་མིན་དང་བུམ་པ་ཡིན་མིན་བཅལ་ནས་གསེར་ཡིན་པ་དང་བུམ་པ་མ་ཡིན་

པར་གོ་བའི་ཚེ། གསེར་བུམ་གྱི་ཉེར་ལེན་གསེར་ཡིན་པའི་ཆ་དེ་དོན་དམ་བདེན་པ་དང་། བུམ་པ་ཡིན་པའི་ཆ་དེ་ཀུན་རྫོབ་བདེན་པ་ཡིན་ཞེས་ཟེར་བ་ཡིན་པས་གཏན་ནས་མི་འདྲ་བར་སེམས།

དེ་ལྟར་གོང་གསལ་རྣམས་ཀྱི་གནད་བསྡུ་ན། རྗེ་ཤེ་རྣམ་བཤད་རབ་བྱེད་བཅོ་བརྒྱད་པར། དེ་ལྟར་བདག་རང་གི་ངོ་བོས་གྲུབ་ན་བདག་དང་ཕུང་པོ་གཉིས་རང་གི་མཚན་ཉིད་ཀྱིས་གྲུབ་པའི་གཅིག་དང་ཐ་དད་གང་རུང་དུ་གྲུབ་དགོས་པ་དང་། དེ་གཉིས་ཀ་ལ་ཡང་རིགས་པས་གནོད་པར་མཐོང་བ་ན་བདག་ནི་རང་གི་ངོ་བོས་གྲུབ་པ་ཙམ་ཟད་ཀྱང་མེད་དོ་སྙམ་དུ་ངེས་པ་སྐྱེད་པ་ནི། འཇིག་ལྟ་ལྷན་སྐྱེས་ཀྱི་དར་འཛིན་པའི་ཡུལ་རང་བཞིན་མེད་པར་རྟོགས་པའི་ལྟ་བ་སྐྱེད་པ་ཡིན་ནོ།། ཞེས་གསུངས་པ་སོགས་ལ་བརྟེན་ནས་གོང་གི་མཁས་གྲུབ་རིན་པོ་ཆེའི་གསུང་གསལ་ལྟར་ལ་མོས་གུས་རབ་ཏུ་བརྟས། དེ་ལྟར་དཔྱོད་པ་ལ་ལུང་ཐམས་ཅད་ཀྱི་ཚིག་ཟིན་དང་མཐུན་པར་ཡོང་ཐུབ་པར་དཀའ་ཡང་། གུ་ཚོམ་དུ་རང་སྣང་གང་བྱུང་སྨྲ་བ་མིན་པར་རང་ནུས་ཅི་ཡོད་ཀྱིས་དཔྱད་ཅིང་བགོད་པ་ལགས་སོ། དེ་ཡང་ཇི་སྐད་དུ། མི་ཉག་སྐྱོར་དཔོན་རིན་པོ་ཆེས་ཕྲིས་ལན་དུ།

བདེན་ནོ་སྙམ་ན་བདེན་དོན་ཡིད་ལ་ཟུངས།།

རིགས་སོ་སྙམ་ན་རིགས་ཚུལ་འདི་བཞིན་འཚོལ།།
ལོག་གོ་སྙམ་ན་ལོག་དོན་རྒྱབ་ལ་སྐྱུར།།
འཁྲུལ་ལོ་སྙམ་ན་འཁྲུལ་བ་བསལ་ཏུ་གསོལ།།
ཞེས་གསུངས་པ་ལྟར་རེ་སྐྱོན་ཞུ་རྒྱུ་ཡིན་ལགས་སོ།།

སྟོང་དང་རྟེན་འབྱུང་གནད་ཀྱི་སྒྱུར་བ་འདིས།།
ལུས་ཅན་ཡོངས་ཀྱི་བློ་མིག་གསལ་བྱས་ནས།།
གཏན་བདེའི་ལམ་བཟང་མཆོག་ལ་རབ་བགྲོད་དེ།།
འགྲོ་ཀུན་ཕན་བདེའི་དཔལ་ལ་རྟག་སྤྱོད་ཤོག །

ཅེས་དཔྱད་རྩོམ་འདི་བཞིན་དགེ་མིང་དཔལ་ལྡན་གྲགས་པས་རང་ལོ་ (༤༡) པར་བོད་རྒྱལ་ལོ་ ༢༡༥༠ ལོའི་ཟླ་ ༦ ཚེས་ ༣༠ ཕྱི་ལོ་ ༢༠༢༣ ལོའི་ཟླ་ ༤ ཚེས་ ༡༨ ཉིན་སློབ་འདུན་ཤུགས་དྲག་དང་བཅས་ཏེ་རྫོགས་པར་བྲིས་ཟིན་པ་དགེ་ལེགས་འཕེལ།།

སྟོང་པ་ཉིད་ཀྱི་ངོ་སྤྲོད་གཅེས་བསྡུས།

༄ ཆོས་རབ་ཏུ་རྣམ་པར་འབྱེད་པའི་ཤེས་རབ་ལ་ཕྱག་འཚལ་ལོ།།

དེ་ཡང་ཇི་སྐད་དུ། དཔལ་ལྡན་ཞི་བ་ལྷས་སྤྱོད་འཇུག་ཏུ། ཡན་ལག་འདི་དག་ཐམས་ཅད་ནི།། ཐུབ་པས་ཤེས་རབ་དོན་དུ་གསུངས།། ཞེས་སངས་རྒྱས་ཀྱིས་ཆོས་གང་གསུངས་པ་ཀུན་སྐྱེ་རྒུ་ཐམས་ཅད་ཀྱི་ཉེས་སྐྱོན་བསལ་ཕྱིར་སྟོང་ཉིད་རྟོགས་པའི་ཤེས་རབ་སྐྱེ་བའི་དོན་དུ་ཡིན་པར་གསུངས་པ་ལྟར། བདག་ཅག་རྣམས་ཀྱིས་ཀྱང་སྟོང་ཉིད་ཅེས་པ་དེ་ཅང་མེད་ཅིག་ལ་གོ་རྒྱུ་མིན་པར་དེ་གང་ཡིན་ལེགས་པར་ཤེས་དགོས་པ་དང་། དེ་ཤེས་པ་ལ་ཡང་སྟོང་པ་ཉིད་ཀྱི་དགག་བྱ་ངོ་ལ་ལེགས་པར་ཤར་བ་ལ་རག་ལས་པ་གཉིས་ལས། དང་པོ་སྟོང་པ་ཉིད་ནི། རྩ་ཤེ་རྣམ་བཤད་རབ་བྱེད་ཉེར་བཞི་པ་ལས། མདོ་སྡེ་ལས། གང་ཞིག་རྐྱེན་ལས་སྐྱེས་པ་དེ་མ་སྐྱེས།། ཞེས་སོགས་ཀྱིས་རྐྱེན་ལ་རག་ལས་པའི་དོན་གང་ཡིན་པ་དེ་ཉིད། རང་ལ་ཚུགས་ཐུབ་ཀྱི་རང་བཞིན་མེད་པ་སྟོང་པའི་དོན་དུ་བཤད་པའི་ཕྱིར། ཞེས་

གསུངས་པ་ལྟ་བུ་རྣམས་སོ།།

གཉིས་པ་ནི། རྩ་ཤེ་རྣམ་བཤད་རབ་བྱེད་དང་པོར། རྒྱུ་འབྲས་གཉིས་ཀ་ཡང་མིང་དུ་བཏགས་པ་ཙམ་མིན་པར་ཐ་སྙད་བཏགས་པའི་བཏགས་སའི་དོན་དེ་རང་གི་ངོ་བོས་གྲུབ་པའི་བསྐྱེད་བྱ་དང་སྐྱེད་བྱེད་དུ་ཡོད་པར་འཛིན་པ་ནི་དགག་བྱ་འཛིན་པ་ཡིན་ནོ།། ཞེས་དང་། ལེགས་བཤད་སྙིང་པོ་ལས། འོན་མིང་གི་ཐ་སྙད་ཀྱི་དབང་གིས་མ་བཞག་པ་ཇི་འདྲ་ཞིག་གཙོད་སྙམ་ན། གང་ཟག་གི་ཐ་སྙད་བཏགས་སའི་དོན་དེ་རང་གི་མཚན་ཉིད་ཀྱིས་གྲུབ་ན་དོན་ཁོ་རང་གི་རང་གི་ངོ་བོ་ཉིད་ཀྱིས་ཡོད་པར་སོང་གི་ཡུལ་ཅན་ཐ་སྙད་དེའི་དབང་གིས་ཡོད་པར་མ་སོང་བས་དེ་གཙོད་དོ།། ཞེས་སོགས་གསུངས་པས་གོ་བར་སླ་ངོ།།

དེ་ལ་ཐ་སྙད་ཀྱི་དབང་གིས་སམ་རྟོག་པའི་དབང་གིས་བཞག་པའམ་བཏགས་ཚུལ་ནི། སྤྱོད་འཇུག་རྣམ་བཤད་ལས། བདེ་སྡུག་གི་ཚོར་བ་རྟོག་པས་མངོན་པར་ཞེན་ཅིང་བཏགས་པ་ཙམ་ཉིད་ཡིན་ཞེས་བྱ་བར་གྲུབ་པ་མིན་ནམ་སྙམ་ན། ཁ་བཅུ་གྲུབ་པར་ཐལ། བཟའ་བཏུང་གཅིག་ཉིད་རྟོག་པའི་དབང་གིས་བདེ་སྡུག་གཉིས་ཀའི་རྒྱུར་བཏགས་པའི་ཕྱིར་ཞེས་གསུངས་པ་འདི་ལས་ལེགས་པར་གོ་བར་ནུས་སོ།།

འོ་ན་དགག་བྱ་ངོས་འཛིན་ཚུལ་ཇི་ལྟར་ཡིན་སྙམ་ན། དེ་ནི་ལམ་རིམ་ཆེན་མོ་ལས། བྱད་བཞིན་དུ་སྣང་བའི་གཟུགས་བརྙན་དེ་ཉིད་རང་གི་ངོ་བོས་གྲུབ་པའི་ཡོད་པར་འཛིན་པ་ནི་བདེན་འཛིན་ཡིན་ལ། དེ་ཡང་རང་རྒྱུད་ལ་ཡོད་པར་སྒྲོང་བས་འགྲུབ་བོ།། དེ་ལྟ་ཡིན་ནའང་རང་བཞིན་མེད་པའི་དཔེར་རུང་ལུགས་ནི་གང་དུ་སྣང་བ་དེའི་ངོ་བོས་སྟོང་པས། གང་དུ་སྣང་བ་དེའི་རང་བཞིན་མེད་པ་ནི་མངོན་སུམ་གྱིས་གྲུབ་པས་དེ་ཉིད་དཔེར་བྱེད་པ་ཡིན་ནོ།། གང་དུ་སྣང་བ་དེའི་རང་བཞིན་གྱིས་སྟོང་པ་དེ་སྨྱུ་གུ་ལ་སོགས་པའི་སྟེང་དུ་ཚད་མས་གྲུབ་ན་ནི། སྨྱུ་གུའི་རང་བཞིན་མེད་པ་རྟོགས་པ་ཡིན་པས་གཟུགས་བརྙན་སོགས་དང་མི་འདྲའོ།། ཞེས་གསུངས་པས་གོའོ་སྙམ། དེ་ཡང་དཔེ་དོན་གཉིས་ལ་ཁྱད་པར་དེ་ལྟར་འོང་ཚུལ་ནི། གང་དུ་སྣང་བ་དེའི་རང་བཞིན་གྱིས་ཇི་སྣང་བ་ལྟར་དུ་ཡོད་མེད་དེ་ལ་ཕྲ་རགས་གཉིས་རེར་ཕྱེ་རྒྱུ་ཡོད་མེད་ཀྱིས་སོ་སྙམ་མོ།།

དེ་ལ་གཟུགས་བརྙན་རང་གི་ངོ་བོས་གྲུབ་པའི་ཡོད་པར་འཛིན་པ་དེ་ཉིད་རང་རྒྱུད་ལ་ཡོད་པར་སྒྲོང་བས་འགྲུབ་པར་གསུངས་པ་དེ་བཞིན་སྨྱུ་གུ་ལ་སོགས་པའི་ཆོས་གཞན་ལ་ཡང་འདྲ་བས། དེའི་ཚུལ་ཤིན་ཏུ་འཆར་བདེ་བ་ཞིག་ནི། རྗེ་ཤེ་རྣམ་བཤད་རབ་བྱེད་ཉེར་བཞི་པར། འདི་ནི་ཕན་

ཚུན་བརྟེན་དགོས་པས་ན་རང་ལ་ཚུགས་ཐུབ་ཀྱི་རང་བཞིན་ཡོད་པ་མི་བདེན་པའི་དོན་ནོ།། ཞེས་གསུངས་པས་གོ་བར་སླ་ཞིང་། དེ་ཡང་དཔེར་ན་བསྐྱོར་དགོས་པའི་ནད་པ་དང་། འཇའ་ཚོན་དང་སྤྲིན་ཕུང་སོགས་རང་ཚུགས་མི་ཐུབ་ཚུལ་འདིག་རྟེན་རང་དགའ་བ་ལའང་གྲགས་པ་འདི་བཞིན། བདག་གཞན་དང་གནས་ཁང་སོགས་རང་ཚུགས་ཐུབ་པ་མིན་ཡང་། རང་ཚུགས་ཐུབ་པར་སྣང་ཞིན་རང་རྒྱུད་ལ་ཡོད་པ་ཆགས་སྡང་སོགས་དང་འདྲ་བར་བཟ་སྦྱོར་བ་ཙམ་གྱིས་ཡོད་པར་གོ་ཐུབ་པས་སྒྲིང་བས་འགྲུབ་ཚུལ་ནི་དེ་ལྟར་རོ་སྙམ་མོ།།

འོན་ཀྱང་། ཁྱད་གཞི་དེ་ཉིད་སྤྱིར་ཡོད་པ་དང་རང་བཞིན་གྱིས་སམ་རང་ཚུགས་ཐུབ་པ་གཉིས་དགག་བྱ་མ་ཁེགས་པའི་སྔོན་ལ་ནི་མཐུན་དཔེའི་སྟེང་དུ་དེ་གཉིས་སོ་སོར་ཕྱེ་རྒྱུ་ཡོད་པ་ཙམ་ལས། དོན་ཁྱད་གཞིའི་སྟེང་དུ་སོ་སོར་ཕྱེ་ཐུབ་པ་ནི་བསྒྲུབ་བྱ་ལེགས་པར་གྲུབ་པའི་རྗེས་སུ་མ་གཏོགས་མི་འོང་ཚུལ་གསུངས་པའི་དོན་ཡང་ལེགས་པར་གོ་དགོས་པར་སྣང་ངོ་།།

དེ་ཡང་ཤིང་སྟོང་ལྟ་བུ་ལ་རང་ཚུགས་མི་ཐུབ་ཚུལ་བརྗོད་པ་ན། དེ་གཏན་ནས་མེད་པར་མི་གོ་བར་གཞན་དག་ལ་བརྟེན་ནས་ཡོད་པར་

ཤུགས་ཀྱིས་གོ་བ་དང་། འདི་གཞན་དག་ལ་བརྟེན་ནས་ཡོད་ཚུལ་བརྗོད་པ་ན། དེ་རང་ཚུགས་མི་ཐུབ་ཚུལ། དགག་བྱ་རང་ཚུགས་ཐུབ་པ་དེ་མེད་པར་ཤུགས་ཀྱིས་གོ་ཐུབ་པས། སྟོང་པ་དང་རྟེན་འབྱུང་གཅིག་དོན་གཅིག་ཏུ་འགྲོ་ཚུལ་ལ་ཡང་གོ་བ་ལེགས་པར་སྐྱེར་བར་སྣང་ལ། དེ་ལྟར་མིན་པར་ཤིང་རྟ་རང་གི་ཡན་ལག་རྣམས་ཐྲལ་ཏེ་བཤིགས་པ་ན་དེ་མེད་པར་འགྱུར་བ་དེ་ཉིད་དང་། ཡང་དེའི་ཡན་ལག་རྣམས་ཚུར་བསྒྲིགས་པའི་ཚེ་ཤིང་རྟ་གྲུབ་ཚུལ་དེ་ཉིད་སྟོང་པ་དང་རྟེན་འབྱུང་གཅིག་དོན་གཅིག་ཏུ་གོ་ཚུལ་སླ་བ་ཞི་ལས་སླ་ཤོས་སུ་སྣང་བས་མི་འཐད་པར་སེམས་སོ།།

དེ་ཡང་བདག་ཕྱུང་སོགས་རང་ཚུགས་ཐུབ་པར་འཛིན་པ་འདིས་འཇིག་རྟེན་ཆོས་བརྒྱད་དྲངས་ཤིང་། དེ་ལས་བསྟོད་པ་སོགས་བྱུང་ན། གཞན་ལ་ལྟོས་འབྲེལ་མེད་ཅིང་མཐོ་སྣང་དང་ཁེངས་དྲེགས་ཆགས་ཞེན་སོགས་ཆེས་འཕེལ་བ་དང་། སྨད་པ་སོགས་བྱུང་ན་བློ་ཕམ་དང་ཡིད་སྐྱོ་ཞིང་སྡུག་པ་དང་། སེམས་འཚུབས་ཏེ་ཡིད་མི་བདེ་བར་གཞན་ལ་སྡང་ཞུགས་ཁོང་ཁྲོ་སོགས་ཇེ་འཕེལ་དུ་འགྲོ་བ་མྱོང་བས་འགྲུབ་པས་ཉེས་ཚོགས་ཀུན་གྱི་རྩ་བ་ཡིན་ཚུལ་ཡང་དེ་ལྟར་དུ་གོ་བས། ནུས་པ་གང་ཡོད་ཀྱིས་འདི་འགོག་ཐབས་བྱ་དགོས་པར་སྣང་ངོ་།།

དེས་ན། དེ་ལྟ་བུའི་རང་ཚུགས་ཐུབ་པ་དེ་འགོག་པ་ལ་གཙོ་བོ་ཁྱབ་བྱེད་མ་དམིགས་པའི་རྟགས་ཀྱིས་འགོག་ཚུལ་ནི། མཁས་གྲུབ་ཐམས་ཅད་མཁྱེན་པས་ལྟ་ཁྲིད་མུན་སེལ་སྒྲོན་མེར། ང་རང་བཞིན་གྱིས་ཡོད་ན། ལུས་ཀྱི་ཕྱི་ནང་དང་སྟོད་སྨད་བར་གསུམ་གང་རུང་ན་ཡོད་དགོས་པ་ལ་དེ་དག་ན་མི་འདུག་པས་ང་རང་བཞིན་གྱིས་མེད་དོ་སྙམ་དུ་སྒོམ་པ་ཡིན་ན་ནི་ཤིན་ཏུ་མི་རིགས་ཏེ། ང་རང་བཞིན་གྱིས་གྲུབ་ན་གྲུབ་ཚུལ་ཇི་ལྟར་ཡོད་ཅེས་དཔྱོད་པ་ནི། ཡོད་པ་ལ་གཅིག་དང་དུ་མར་ཁ་ཚོན་ཆོད་པས་བདེན་པར་ཡོད་ན་ཡང་བདེན་པའི་གཅིག་དང་བདེན་པའི་དུ་མ་གང་རུང་དུ་ཡོད་དགོས་པའི་ཕྱིར། དེ་གཉིས་གང་དུའང་མེད་ན་བདེན་པར་མེད་དགོས་ལ། དེའི་ཕྱིར་གཅིག་དང་དུ་བྲལ་གྱི་རྟགས་ཀྱིས་བདེན་མེད་དུ་ངེས་པར་བྱེད་པ་ལྟར། གྲུབ་ན་གྲུབ་ཚུལ་འདི་དང་འདི་གང་རུང་གཅིག་ཏུ་གྲུབ་དགོས་ཞེས་ཁ་ཚོན་ཆོད་པ་ཞིག་གིས་བརྟག་པ་བྱས་ནས། གྲུབ་ཚུལ་དེ་དག་གང་དུའང་མ་རྙེད་ན་མེད་པའི་ངེས་པ་སྐྱེ་བར་རིགས་ཀྱི། རང་བཞིན་གྱིས་གྲུབ་ཀྱང་གྲུབ་ཚུལ་དེ་དག་ཏུ་ཡོད་མི་དགོས་པ་ལ། གྲུབ་ཚུལ་དེ་དག་ཏུ་མེད་པས་རང་བཞིན་གྱིས་མེད་པར་ངེས་ཤེས་འདྲེན་མི་ནུས་ལ། ཞེས་གསུངས་སོ།།

ཡང་དེའི་འགྲོ་ཉིད་དུ། ང་རང་བཞིན་གྱིས་གྲུབ་ན་ང་ལུས་ཀྱི་ཕྱི་ནང་དང་སྟོད་སྨད་བར་གསུམ་གང་རུང་ན་ཡོད་མི་དགོས་ཏེ། ང་རང་བཞིན་གྱིས་ཡོད་ན་ང་རང་གི་ལུས་དང་རང་བཞིན་གྱིས་གཅིག་ཐ་དད་གང་རུང་དུ་ཡོད་དགོས་ལ། ལུས་དང་རང་བཞིན་གྱིས་གཅིག་ཏུ་ཡོད་ན་དེ་དང་ཐ་དད་གཏན་མེད་ཀྱི་གཅིག་ཏུ་ཡོད་དགོས་ཤིང་། ལུས་དང་གཅིག་ཡིན་ན་དེའི་ཡོད་པ་ལུས་ཀྱི་ཆ་གང་ན་ཡོད་ཅེས་དཔྱོད་པ་འབྲེལ་མེད་ཡིན་པའི་ཕྱིར་དང་། ལུས་དང་རང་བཞིན་གྱིས་ཐ་དད་ཡིན་ནའང་ལུས་དང་འབྲེལ་མེད་དོན་གཞན་ཡིན་དགོས་ལ། ལུས་དང་འབྲེལ་མེད་དོན་གཞན་ཡིན་ན་དེའི་ཡོད་པ་ལུས་ཀྱི་ཆ་གང་ན་ཡོད་ཅེས་དཔྱོད་པ་འབྲེལ་མེད་ཆེན་པོར་འགྱུར་བའི་ཕྱིར་རོ།། ཞེས་གསལ་ཞིང་རྒྱ་ཆེར་གསུངས་པ་འདི་ལས་ལེགས་པར་གོ་བར་ནུས་སམ་སྙམ། དེ་ཡང་དཔེར་ན་རི་བོང་གི་རྭ་ཡོད་ན་རི་བོང་དེའི་མགོ་ལ་ཡོད་དགོས་ཀྱི། དེའི་རྐང་ལག་སོགས་ལ་ཡོད་མི་དགོས་པ་ལྟར་དུ་གསུངས་པ་ཡིན་པར་སྣང་ངོ་།།

གོང་གསལ་དེ་ལྟར་ཡིན་པ་ཡང་དཔལ་ལྡན་ཟླ་བ་གྲགས་པའི་དབུ་མ་འཇུག་པ་ལས། མང་བས་བདག་དེ་དག་ཀྱང་མང་པོར་འགྱུར།། ཞེས་པའི་ཐད་དུ་འཇུག་པའི་རྣམ་བཤད་ལས། འདི་ནི་མང་པོ་དང་ངོ་བོ་གཅིག་

པར་འདོད་པ་ཙམ་ལ་འཐེན་དུ་མི་རུང་བས། བདག་དང་ཕུང་པོ་གཉིས་ཐ་དད་གཏན་མེད་གཅིག་ཏུ་འདོད་པ་ལ་འཐེན་པའོ།། དེ་ཡང་དང་པོ་ནས་གཞན་གྱིས་དེ་ལྟར་ཁས་མ་བླངས་པས། ངོ་བོ་གཅིག་པ་དང་ཐ་དད་ཙམ་ཡིན་པ་རྟེན་པ་ལ་སྐྱོན་མེད་ཀྱང་། བདག་ཕུང་གཉིས་བདེན་པར་ཁས་ལེན་པ་ལ་ངོ་བོ་གཅིག་ན་དབྱེར་མེད་ཀྱི་གཅིག་ཏུ་ཕྱུལ་ནས། དེའི་འོག་ཏུ་བདག་མང་པོ་དང་ཕུང་པོ་ལྔ་གཅིག་ཏུ་ཐལ་བ་འཕང་ངོ༎ ཞེས་གསུངས་པས་བསྟན་ཏོ།།

དེ་ལ་བདག་ཕུང་བདེན་པར་གྲུབ་ན་དེ་ལྟར་གྲུབ་པའི་གཅིག་དང་ཐ་དད་གང་རུང་དུ་ངེས་པར་གྲུབ་དགོས་ཚུལ་ནི། ཡུལ་དུས་ཀུན་ཏུ་རྟེན་པ་སྤངས་ཏེ་བདེན་པར་གནས་དགོས་པས། བློ་གང་ལ་སྣང་ཡང་གཅིག་པར་སྣང་དགོས་ལ། བདག་ཕུང་གཉིས་མངོན་སུམ་གྱི་སྣང་ངོར་སོ་སོར་ཕྱེ་རྒྱུ་མེད་པ་ལྟར། རྟོག་པའི་ངོར་ཡང་དེ་ལྟར་འགྱུར་བས་ལྡོག་པའང་གཅིག་ཏུ་འགྱུར་བ་དང་། ཡང་རྟོག་ངོར་སོ་སོར་འཆར་བ་ལྟར། མངོན་སུམ་གྱི་སྣང་ངོར་ཡང་སོ་སོར་ལྟར་འབྲེལ་མེད་དུ་སྣང་ཞིང་གྲུབ་དགོས་པའི་གནད་ཀྱིས་སོ་སྣམ་མོ།།

དེ་ལྟར་ཡང་། ལམ་རིམ་ཆེན་མོ་ལས། དེ་ལྟར་མ་ཡིན་པར་གཞུང་

ཚད་ལྡན་ཁ་ཅིག་ནས་བུམ་པ་ལ་སོགས་པ་རང་གི་ཡན་ལག་དང་གཅིག་ཐ་དད་དཔྱོད་པའི་རིགས་པས་རང་བཞིན་མེད་པ་གཏན་ལ་འབེབས་པར་གསུངས་པའི་དོན་ལ་འཁྲུལ་ནས། བུམ་པ་ལ་སོགས་པ་རྣམས་མཆུ་དང་མགྲིན་པ་ལ་སོགས་པ་རང་གི་ཡན་ལག་གང་ཡིན་དཔྱད་པ་ན་དེ་དག་གང་དུའང་མ་རྙེད་པ་ན་བུམ་པ་མི་འདུག་གོ་སྙམ་དུ་ངེས་པ་འདྲེན་ལ། དེ་ནས་དཔྱོད་མཁན་ལའང་དེ་ལྟར་དཔྱད་པ་ན་དཔྱོད་མཁན་ཡང་མི་འདུག་གོ་སྙམ་དུ་ངེས་པར་འགྱུར་རོ།། དེའི་ཚེ་དཔྱོད་མཁན་མི་རྙེད་ན་བུམ་པ་ལ་སོགས་པ་མེད་དོ་སྙམ་དུ་སུ་ཞིག་གིས་ཤེས་སྙམ་ནས་ཡོད་པའང་མ་ཡིན་མེད་པའང་མ་ཡིན་ཞེས་ཟེར་བ་ལྟར་གྱི་རིགས་པ་ལྟར་སྣང་རེས་ངེས་པ་ཕྱིན་ཅི་ལོག་ཏུ་དྲངས་པ་ལ་ལྟ་བ་རྙེད་པ་འཇོག་ན་འདི་སླུ་ཤོས་གཅིག་ཏུ་སྣང་ངོ༎ ཞེས་གསུངས།

ལམ་རིམ་ཆུང་བ་ལས་ཀྱང་། གཉིས་པ་ནི། སྔར་བཤད་པའི་དགག་བྱའི་ཚད་ལེགས་པར་མ་ཟིན་པར་ཡུལ་ལ་རིགས་པས་དཔྱད་དེ་གསལ་བ་ན་ཡུལ་དེ་མི་འདུག་པ་སྙམ་པ་དང་པོར་འབྱུང་ཞིང་། དེ་ནས་དཔྱོད་མཁན་ལ་ཡང་དེ་དང་འདྲ་བར་མཐོང་ནས་མེད་པར་ངེས་མཁན་ཡང་ཡོད་པ་མ་ཡིན་པས་གང་ལ་ཡང་འདི་ཡིན་འདི་མིན་གྱི་ངེས་པ་བྱ་ས་མེད་

པར་སོང་ནས་སྣང་བ་བདེན་གྲུབ་ཏུ་སོང་བའི་སྣང་བ་འཆར་བ་ཡང་རང་བཞིན་ཡོད་མེད་དང་། ཡོད་མེད་ཙམ་མ་ཕྱེད་པ་ལ་བརྟེན་ནས་བྱུང་བ་ཡིན་པས་དེ་འདྲའི་སྟོང་པ་ཡང་རྟེན་འབྲེལ་བ་ཞིག་པའི་སྟོང་པ་ཡིན་ལ། ཞེས་གསུངས་པས་གསལ་བར་གོའོ་སྙམ།

གཞན་ཡང་ལམ་རིམ་ཆེ་ཆུང་གཉིས་ཀར། དེས་ན་རིགས་པས་རྣམ་པར་དཔྱད་པ་ན། གང་ཟག་ལ་སོགས་པ་ལ་རང་གི་ངོ་བོས་གྲུབ་པའི་ཡུལ་སྟེང་དུ་སྡོད་ཚུལ་ཙམ་ཟད་ཀྱང་མི་འདུག་གོ་སྙམ་པ་དང་། དེ་ལ་བརྟེན་ནས་སྣང་བ་འདི་རྣམས་ཀྱང་བདེན་གྲུབ་ཏུ་འཆར་བ་ཙམ་དཀའ་བ་མིན་གྱི། དེ་འདྲ་དེ་དབུ་མའི་གྲུབ་མཐའ་ལ་མོས་ཤིང་རང་བཞིན་མེད་པའི་ཚུལ་སྟོན་པའི་ཆོས་ཐན་ཐུན་ཐོས་པ་ཐམས་ཅད་ལ་འོང་ཡང་། དཀའ་ས་ནི་རང་གི་ངོ་བོས་གྲུབ་པའི་རང་བཞིན་མ་ལུས་པར་ཁེགས་པ་དང་རང་བཞིན་མེད་པའི་གང་ཟག་ལ་སོགས་པ་དེ་ཉིད་ལས་གསོག་པ་པོ་དང་འབྲས་བུ་སྤྱོད་པ་པོ་ལ་སོགས་པར་འཇོག་པ་ལ་ངེས་པ་གཏིང་ནས་འདྲོངས་ཏེ། དེ་རྣམས་སུ་འཇོག་ཐུབ་པའི་གཉིས་ཚོགས་དེ་ཕྱིད་མཐའ་ཙམ་དུ་སོང་བས་དབུ་མའི་ལྟ་བ་ཤིན་ཏུ་རྙེད་དཀའ་བ་ཡིན་ནོ།། ཞེས་གསུངས།

དེ་ཡང་། གོང་གསལ་ལམ་རིམ་ཆེ་ཆུང་རྣམས་ཀྱི་གཞུང་དོན་ཇི་

ལྟར་ཡིན་སྙམ་ན། འདི་དག་ནི་ཤིན་ཏུ་གོ་དཀའ་ཡང་རྟོག་འཚར་ཙམ་ནི། ལམ་རིམ་ཆེན་མོ་ལས། དེ་ལྟར་མ་ཡིན་པར་གཞུང་ཚད་ལྡན་ཞེས་པ་ནས་དོན་ལ་འཁྲུལ་ནས་ཞེས་དང་། འདི་སླ་ཤོས་གཅིག་ཏུ་སྣང་ངོ་ཞེས་གསལ་བ་དང་། ལམ་རིམ་ཆུང་བ་ལས། སྔར་བཤད་པའི་དགག་བྱའི་ཚད་ལེགས་པར་མ་ཟིན་པར་ཞེས་པ་ནས་རྟེན་འབྲེལ་བཤིགས་པས་ཆད་སྟོང་ཡིན་ལ་ཞེས་སོགས་གསུངས་པ་ལ་བརྟགས་ན། གཞུང་དེ་གཉིས་ཀར། དེས་ན་རིགས་པས་རྣམ་པར་དཔྱད་པ་ན། གང་ཟག་ལ་སོགས་པ་ལ་རང་གི་ངོ་བོས་གྲུབ་པ་(པའི་)ཡུལ་སྟེང་དུ་སྡོད་ཚུལ་ཙུང་ཟད་ཀྱང་མི་འདུག་གོ་སྙམ་པ་དང་། ཞེས་སོགས་ཀྱི་དོན་ནི་དགག་བྱ་ལེགས་པར་ངོས་མ་ཟིན་པས་སྟོང་ཉིད་ལ་དཔྱོད་པའི་ཚེ་འཁྲུལ་བ་བྱུང་སྟེ་གཞི་དེ་སྤྱིར་ཡོད་པ་དང་། དེ་རང་ངོས་ནས་ཡོད་པ་གཉིས་ལ་ཁྱད་པར་ཡོད་ཚུལ་མང་དུ་སྨྲས་ཀྱང་སྒྲ་སྤྱི་ཙམ་ལས་དོན་སྤྱི་མ་ཤར་ཡང་སྟོང་ཉིད་ལ་དགའ་སྣང་ཆེ་ཞིང་། དེའི་སྐོར་ཐ་རེ་ཐོ་རེ་ཐོས་སྦྱོང་བའི་བདག་འདྲ་བ་རྣམས་ལ་གསུངས་པ་ཡིན་པར་སྣང་།

དེར་མ་ཟད་གོང་གསལ་གཞུང་ཚིག་དེས་དབུ་མའི་ལྟ་བ་རྙེད་ཟིན་ཀྱང་ལྟ་བའི་དཔྱད་པ་མ་རྟོགས་པའི་དོན་དུ་འགྲེལ་མཁན་མང་དུ་བྱུང་བར་

ཐོས་མོད། དེ་ལྟར་ན་ཡང་གོང་གསལ་གཞུང་དུ་གོ་ཚུལ་དེ་ལྟར་ནི་དཀའ་བ་མིན་ཚུལ་དང་། དཀའ་ས་ནི་ཞེས་པ་ནས་དབུ་མའི་ལྟ་བ་ཤིན་ཏུ་རྟོགས་དཀའ་བ་ཡིན་ནོ་ཞེས་གསལ་བར་གསུངས་པས་ཇི་ལྟར་ཡིན་མིན་ལེགས་པར་གོ་བར་སྣང་ངོ་།།

གཞན་བསྡུ་ན། ཤིང་རྟའི་སྟེང་དུ་བརྟགས་དོན་དོན་དམ་དུ་བཙལ་སྐབས་སུ་འང་ཤིང་རྟ་ལ་དེ་རང་ཚུགས་ཐུབ་པའམ་རང་ངོས་ནས་གྲུབ་པ་ཇི་ལྟར་ཡོད་ཚུལ་བཙལ་དགོས་པ་ལས། ཤིང་རྟ་ལ་ཤིང་རྟ་བཙལ་ན་མི་རིགས་ཏེ། རྩ་ཤེ་རྣམ་བཤད་རབ་བྱེད་གསུམ་པ་ལས། རིགས་པས་དཔྱོད་པ་ནི་མིག་ལ་སོགས་པ་ལ་རང་གི་ངོ་བོས་གྲུབ་པའི་རང་བཞིན་ཡོད་མེད་འཚོལ་བ་ཡིན་གྱི་ཡོད་མེད་ཙམ་འཚོལ་བ་མིན་པས། ཞེས་གསུངས་པ་དང་། འཇུག་པའི་རྣམ་བཤད་དུ། དེ་ལྟར་དེ་ཁོ་ན་ཉིད་ལ་དཔྱོད་པའི་རིགས་པས་ཀུན་རྫོབ་པ་རྣམས་ལ་དཔྱོད་ན་ནི། འཇིག་རྟེན་པའི་ཐ་སྙད་ཐམས་ཅད་ཉམས་པར་འགྱུར་བར་ཤེས་པར་བྱའོ།། ཞེས་དང་། ཐ་སྙད་པའི་དོན་ལ་དོན་དམ་པའི་དཔྱད་པ་བྱར་མི་རུང་བར་ལན་དུ་མར་གསུངས་པའི་ཕྱིར་རོ།། ཞེས་སོགས་གསུངས་པ་ལས་གོའོ།།

དེ་ཡང་འཇུག་པ་ལས། རྒྱུན་ཅན་རྣམས་དེར་ཡན་ཚུན་ཐ་དད་

ཡོད།། ཅེས་པའི་ཐད་རྣམ་བཤད་དུ། དཔེར་ན། བུམ་པ་རང་གི་ཆ་ཤས་ཉེ་བར་ལེན་པ་པོ་ལ་འཇོག་པ་ལྟར་དུ་ཞེས་སོགས་གསུངས་པ་ལྟར། ཤིང་རྟ་མཐོང་བཞིན་པ་འདིས་མ་ཚིམ་པར་ཤིང་རྟ་ལ་ཤིང་རྟ་འཚོལ་མཁན་ནི། འཇིག་རྟེན་ཐ་སྙད་ལས་བརྒལ་བའི་རྟོག་དཔྱོད་པ་འགག་ལ་མ་གཏོགས། གཞག་རྗེ་སོས་ཀྱང་མི་སླ་བར་གསལ་ལོ།།

འོན་འཇུག་པ་ལས། དེ་ནི་དེ་ཉིད་དུའམ་འཇིག་རྟེན་དུ།། རྣམ་པ་བདུན་གྱིས་འགྲུབ་འགྱུར་མིན་མོད་ཀྱི།། ཞེས་པའི་ཐད་འཇུག་པའི་རྣམ་བཤད་དུ། ཤིང་རྟ་དེ་ནི་དེ་ཉིད་དུ་སྟེ་དོན་དམ་པའམ། འཇིག་རྟེན་གྱི་ཀུན་རྫོབ་ཏུ་བཏགས་དོན་རྣམ་པ་བདུན་གྱིས་བཙལ་ན་ཤིང་རྟ་འགྲུབ་པར་འགྱུར་བ་མིན་མོད་ཀྱི། ཞེས་གསུངས་པ་ཇི་ལྟར་ཡིན་ཞེ་ན། དེ་ནི་བཏགས་དོན་ཤིང་རྟ་དེ་ཉིད་དོན་དམ་དུ་མ་ཟད་ཀུན་རྫོབ་ཏུ་ཡང་བཏགས་དོན་བཙལ་ན་མི་རྙེད་ཅེས་པའི་དོན་ཡིན་གྱི། ཀུན་རྫོབ་ཏུ་བཙལ་ཚུལ་དེ་དེ་ཁོ་ན་ཉིད་ལ་དཔྱོད་ཚུལ་ཡིན་ཞེས་པའི་དོན་མིན་នོ།།

དེ་ལྟར་ཡང་སྤྱོད་འཇུག་ལས། ཇི་ལྟར་མཐོང་ཐོས་ཤེས་པ་དག །འདིར་ནི་དགག་པར་བྱ་མིན་ཏེ།། འདིར་ནི་སྡུག་བསྔལ་རྒྱུར་གྱུར་པ།། བདེན་པར་རྟོག་པ་བཟློག་བྱ་ཡིན།། ཞེས་གསུངས་པའི་ཐད་སྤྱོད་འཇུག

རྣམ་བཤད་ལས། ཇི་ལྟར་མིག་ཤེས་ཀྱིས་མཐོང་བ་དང་ཉན་ཤེས་ཀྱིས་ཐོས་པ་དང་ཡིད་ཀྱིས་ཤེས་པ་ལ་སོགས་པ་དག་ཀུན་རྫོབ་འདིར་ནི་དགག་པར་བྱ་བ་མིན་ཏེ། དེ་དགག་མི་དགོས་ཏེ་དེ་ཙམ་གྱིས་སྡུག་བསྔལ་མི་སྐྱེད་ཅིང་དགྲ་བཅོམ་པ་རྣམས་ལ་ཡང་ཐ་སྙད་དེ་ཡོད་པའི་ཕྱིར་རོ།། དགག་མི་ནུས་ཏེ་འགོག་ན་ལུང་རིགས་ཀྱིས་འགོག་དགོས་ན་དེ་འགོག་ན་ལུང་རིགས་ལ་ཡང་མཚུངས་པའི་ཕྱིར་རོ།། བཀག་ན་སྐྱོན་ཡོད་དེ་ཆད་ལྟ་ཅན་དུ་འགྱུར་བའི་ཕྱིར་རོ།། དེས་ན་འདིར་ནི་སྡུག་བསྔལ་གྱི་རྒྱུར་གྱུར་པར་ཡུལ་དེ་དག་བདེན་པར་རྟོག་པ་ལྡོག་བྱ་ཡིན་ཏེ་དེ་ཉིད་འཁོར་བའི་རྩ་བ་ཡིན་པའི་ཕྱིར། ཞེས་གསུངས་པས་ལེགས་པར་གོའོ།།

མདོར་ན། དབུ་མའི་ལྟ་བ་རྙེད་པ་ལ་ནི། དཔེར་ན། ཁྱད་གཞི་ཤིང་རྟ་ལ་ཤིང་རྟ་རང་བཞིན་གྱིས་གྲུབ་པ་བཙལ་ཏེ། དེ་རང་བཞིན་གྱིས་མེད་པར་གོ་དགོས་པ་ལས། དེ་ལྟར་དུ་མ་གོ་བར་ཤིང་རྟ་ལ་ཤིང་རྟ་བཙལ་ཏེ་ཡུལ་སྟེང་དུ་མ་རྙེད་པ་ཙམ་ལ་ཤིང་རྟ་རང་བཞིན་མེད་པའི་དོན་དུ་གོ་བ་རྣམས་ཀྱིས་ལྟ་བ་མ་རྙེད་ཚུལ་སྟོན་པར་མ་ཟད། ཁྱད་པར་དུ་ཤིང་རྟ་རང་བཞིན་གྱིས་གྲུབ་ན་ཤིང་རྟ་དེ་ཉིད་དེའི་ཕྱི་ནང་གང་དུ་ཡོད་དཔྱད་པའམ་དེའི་ཡན་ལག་སོགས་ལས་གང་འཛོག་དཔྱད་པ་དེ་ཡང་། རྟེན་འབྲེལ་

བཤིགས་པའི་ཚད་སྟོང་དུ་འགྱུར་བར་གསུངས་ཤིང་། དེ་ཁོ་ན་ཉིད་ལ་དཔྱོད་པའི་རིགས་པས་ཐ་སྙད་པའི་དོན་ལ་དཔྱད་པར་འགྲོ་བས་དེ་ཡང་མི་འཐད་ཚུལ་གོང་གསལ་རྣམས་ལས་གསལ་བར་གོ་བར་སྣང་ངོ་།།

འོན། དབུ་མ་རིན་ཆེན་ཕྲེང་བར། སྐྱེས་བུ་ས་མིན་ཆུ་མ་ཡིན།། མེ་མིན་རླུང་མིན་ནམ་མཁའ་མིན།། རྣམ་ཤེས་མ་ཡིན་ཀུན་མིན་ན།། དེ་ལས་གཞན་ན་སྐྱེས་བུ་གང་།། སྐྱེས་བུ་ཁམས་དྲུག་འདུས་པའི་ཕྱིར།། ཡང་དག་མ་ཡིན་ཇི་ལྟ་བར།། དེ་བཞིན་ཁམས་ནི་རེ་རེ་ཡང་།། འདུས་ཕྱིར་ཡང་དག་ཉིད་དུ་མིན།། ཞེས་སོགས་དང་། སྤྱོད་འཇུག་ལེའུ་དགུ་པར། ལུས་ནི་རྐང་པ་བྱིན་པ་མིན།། བརླ་དང་རྐེད་པའང་ལུས་མ་ཡིན།། ལྟོ་དང་རྒྱབ་ཀྱང་ལུས་མིན་ཏེ།། བྲང་དང་དཔུང་པའང་ལུས་མ་ཡིན།། ཞེས་སོགས་གསུངས་པ་རྣམས་ཀྱི་དོན་ཇི་ལྟར་དྲངས་ཤེ་ན། དེ་དག་ནི་འཇུག་པར། མང་བས་བདག་དེ་དག་ཀྱང་མང་པོར་འགྱུར།། ཞེས་པའི་ཐད་ཀྱི་རྣམ་བཤད་ཀྱི་ལུང་གོང་དུ་དྲངས་ཟིན་ལྟར་དང་། སྤྱོད་འཇུག་རྣམ་བཤད་དུ། ཚོགས་ཀྱང་རང་གི་ཆ་དང་ཆར་ཕྱེ་བས་དཔྱད་ན་རང་བཞིན་གྱིས་གྲུབ་པ་མེད་ལ་ཚོགས་ཀྱི་ཆ་ཡང་རྡུལ་ཕྲན་དུ་ཕྱེ་སྟེ་དབྱེ་བ་རང་བཞིན་གྱིས་གྲུབ་པ་མེད་དོ།། ཞེས་དང་། འདིར་བསྟན་པ་འདི་དག་ནི་དབུ་མ་རིན་ཆེན་

ཕྱིར་བ་ལས་ཁམས་དྲུག་གང་ཟག་ཡིན་པ་བཀག་པ་དང་དོན་གཅིག་པས་སོ།། ཞེས་གསུངས་པ་སོགས་ཀྱིས་ཀྱང་། སྐྱེས་བུ་དང་ལུས་ཀྱི་ཚོགས་ལ་སོགས་པ་རང་བཞིན་གྱིས་གྲུབ་ན་དེ་དག་ཡང་དག་ཏུ་སྟེ་བདེན་པར་གྲུབ་དགོས་པས། གོང་གསལ་ལྟར་དེ་དག་དང་ཐ་དད་གཏན་མེད་གཅིག་ཏུ་གྲུབ་དགོས་ཚུལ་བསྟན་པ་ཡིན་པར་སྣང་ངོ་།།

དེར་མ་ཟད། རྗེ་ཤེ་རྣམ་བཤད་རབ་བྱེད་ཉེར་གཉིས་པར། ལྷས་བྱིན་གནག་དང་ལྡན་པ་དང་རྟ་བ་དང་ལྡན་པའི་ལྡན་ཚུལ་ལྟར་དེ་བཞིན་གཤེགས་པ་ཕུང་པོ་དང་ལྡན་པ་ཡང་ངོ་བོ་ཉིད་ཀྱིས་ཡོད་པ་མིན་ཏེ། རིམ་པ་བཞིན་དུ་རང་བཞིན་གྱིས་ཐ་དད་པ་དང་གཅིག་ཏུ་མ་གྲུབ་པའི་ཕྱིར་རོ།། ཕྱོགས་ལྔག་མ་གསུམ་དང་པོ་གཉིས་སུ་ཅི་རིགས་པར་འདུ་བས་གཅིག་ཐ་དད་ཀྱི་ཕྱོགས་གཉིས་སུ་འདུ་མོད་ཀྱང་། འཇིག་ལྟས་འཛིན་ཚུལ་གྱི་འཇུག་པ་ལ་ལྟོས་ནས་འདི་དང་བཅུ་བར་ཕྱོགས་ལྔ་གསུངས་སོ།། ཞེས་གསུངས་པས་ལེགས་པར་གོའོ་སྙམ།

འོ་ན་དོན་དམ་པར་གྲུབ་ཚུལ་གཉིས་བཤད་པས་བུམ་སོགས་མཉམ་བཞག་ཡེ་ཤེས་སམ་ཐོས་བསམ་སྒོམ་གསུམ་གྱི་རིགས་ཤེས་ཀྱི་ངོར་ན་ཡོད་པ་ལ་འང་དོན་དམ་དུ་ཡོད་པ་ཞེས་གསུངས་པ་དེ་ཇི་ལྟར་ཡིན་

སྙམ་ན། རིགས་ངོར་ཡོད་པ་ལ་དེ་ལྟར་གསུངས་པ་ནི་སྒྲ་བཤད་ཙམ་དུ་ཡོད་པ་ལ་དེ་ལྟར་དུ་གསུངས་པར་གོ་དགོས་ཤིང་། བུམ་སོགས་ཐོས་བསམ་སྒོམ་གསུམ་གྱི་རིགས་ཤེས་ཀྱིས་རྟེན་པར་འཛིན་པ་ནི། མཐར་ཐུག་དཔྱོད་པའི་རིགས་པས་དཔྱད་བཟོད་དུ་འཛིན་པ་ཡིན་པ་ལས་དེ་བདེན་འཛིན་དུ་འདོད་མི་རིགས་ལ། དེ་ཡང་འཇུག་པའི་རྣམ་བཤད་ལས་ སྤྱི་མའི་ཡོད་འཛིན་ནི་ལྷན་སྐྱེས་ཀྱི་བདེན་འཛིན་མིན་ལ། ཞེས་གསུངས་པས་བདེན་འཛིན་ཡིན་ན་དེའི་ཞེན་ཡུལ་དང་བདེན་འཛིན་ལྷན་སྐྱེས་ཀྱི་ཞེན་ཡུལ་གཅིག་མཐུན་དང་། ཞེན་ཡུལ་དེ་གཉིས་བཀག་པའི་སྟོང་ཉིད་གཉིས་ཀྱང་ཁྱད་པར་གཏན་ནས་མེད་པར་ངེས་པར་དུ་གོ་དགོས་པར་སྣང་ངོ་།།

འོ་ན། བྱེ་སྨྲས་བུམ་པ་ཀུན་རྫོབ་བདེན་པ་འཇོག་ཚུལ་དང་མི་འདྲ་བའི་ཁྱད་པར་ཇི་ལྟར་ཡིན་སྙམ་ན། དེ་ནི་དཔེར་ན། གསེར་བུམ་ལྟ་བུ་དེ་ཉིད་ཐོ་བས་བཅོམ་སྟེ་བཅལ་བ་ན་སྔར་གྱི་རང་ཚུགས་ཐུབ་པའི་བུམ་པ་དེ་ཡོད་མེད་བཙལ་བ་མིན་གྱི། དེའི་ཆ་ཤས་རྡུལ་ཕྲན་རེ་རེ་ནས་གསེར་ཡིན་མིན་དང་བུམ་པ་ཡིན་མིན་བཙལ་ནས་གསེར་ཡིན་པ་དང་བུམ་པ་མ་ཡིན་པར་གོ་བའི་ཚེ། གསེར་བུམ་གྱི་ཉེར་ལེན་གསེར་ཡིན་པའི་ཆ་དེ་དོན་

དམ་བདེན་པ་དང་། བུམ་པ་ཡིན་པའི་ཚ་དེ་ཀུན་རྫོབ་བདེན་པ་ཡིན་ཞེས་ཟེར་བ་ཡིན་པས་གཏན་ནས་མི་འདྲའོ།།

དེ་ལྟར་གོང་གསལ་རྣམས་ཀྱི་གནད་བསྡུ་ན། རྗེ་ཤེ་རྣམ་བཤད་རབ་བྱེད་བཅོ་བརྒྱད་པར། དེ་ལྟར་བདག་རང་གི་ངོ་བོས་གྲུབ་ན་བདག་དང་ཕུང་པོ་གཉིས་རང་གི་མཚན་ཉིད་ཀྱིས་གྲུབ་པའི་གཅིག་དང་ཐ་དད་གང་རུང་དུ་གྲུབ་དགོས་པ་དང་། དེ་གཉིས་ཀ་ལ་ཡང་རིགས་པས་གནོད་པར་མཐོང་བ་ན་བདག་ནི་རང་གི་ངོ་བོས་གྲུབ་པ་ཙུང་ཟད་ཀྱང་མེད་དོ་སྙམ་དུ་ངེས་པ་སྐྱེད་པ་ནི། འཇིག་ལྟ་ལྷན་སྐྱེས་ཀྱི་དར་འཛིན་པའི་ཡུལ་རང་བཞིན་མེད་པར་རྟོགས་པའི་ལྟ་བ་སྐྱེད་པ་ཡིན་ནོ།། ཞེས་གསུངས་པ་སོགས་ལ་བརྟེན་ནས་གོང་གི་མཁས་གྲུབ་རིན་པོ་ཆེའི་གསུང་གསལ་ལྟར་ལ་མོས་གུས་རབ་ཏུ་བརྟས་ལགས་ཤིང་། དེ་ལྟར་དུ་གོ་བའི་རེ་སྨོན་རྒྱ་ཆེར་དང་བཅས་ཏེ་རང་ལོ་བརྒྱད་ཅུ་རྒྱ་དགུ་ལོར་བྲིས་པ་དགེ་ལེགས་འཕེལ།

ཞེས་པ་འདི་ཡང་ཕྱི་ལོ་ ༢༠༢༡ ཟླ་བ་ ༠༨ ཚེས་ ༠༡ ཉིན་རང་གི་བརྗེད་བྱང་དང་རང་དང་སྐལ་བ་མཉམ་པ་འགའ་རེ་ལ་འང་ཕན་སྲིད་དོ་སྙམ་ནས་དགེ་མིང་དཔལ་གྲགས་པས་ཕྱོགས་བསྒྲིགས་བགྱིས་པའོ།།

ཞི་བདེ་དམ་པའི་གཞི་རྩ་བྱམས་སྙིང་རྗེ་དང་བྱང་ཆུབ་ཀྱི་སེམས་སྒོམ་ཚུལ་སྐོར་གྱི་གླུ་ཞེར།

དེ་ཡང་ཇི་སྐད་དུ། འཕགས་ཡུལ་གྱི་སློབ་དཔོན་ཆེན་པོ་དཔལ་ལྡན་ཟླ་བ་གྲགས་པས། བསྟན་བཅོས་ཆེན་པོ་དབུ་མ་ལ་འཇུག་པར། གང་ཕྱིར་བརྩེ་ཉིད་རྒྱལ་བའི་ལོ་ཏོག་ཕུན་ཚོགས་འདིའི།། ས་བོན་དང་ནི་སྤེལ་ལ་ཆུ་འདྲ་ཡུན་རིང་དུ།། ལོངས་སྤྱོད་གནས་ལ་སྨིན་པ་ལྟ་བུར་འདོད་གྱུར་པ།། དེ་ཕྱིར་བདག་གིས་ཐོག་མར་སྙིང་རྗེར་བསྟོད་པར་བགྱི།། ཞེས་བརྩེ་བ་སྙིང་རྗེ་ཆེན་པོ་དེ་ཉིད་ནི་རྒྱལ་བའི་ཡོན་ཏན་གྱི་ལོ་ཏོག་ཕུན་སུམ་ཚོགས་པ་འདི་ཉིད། ཐོག་མར་མ་སྐྱེས་པ་སྐྱེད་པར་བྱེད་པ་ལ་གལ་ཆེ་བ་ས་བོན་གྱུང་པོ་དང་འདྲ་ལ། བར་དུ་སྨིན་སོགས་དྲུག་གིས་བསྡུས་པའི་ཉམས་ལེན་རྣམས་གོང་དུ་སྤེལ་བ་ལ་སྣོན་གྱི་ལྡོན་པར་ཆུས་ཡང་ཡང་བཏུས་པ་དང་མཚུངས་ཤིང་། ཐ་མར་གདུལ་བྱ་རྣམས་ཀྱིས་རྒྱལ་བའི་གསུང་གི་

བདུད་རྩི་ལ་ཡུན་རིང་དུ་ལོངས་སྤྱོད་པ་ལ་ལོ་ཏོག་ཕུན་སུམ་ཚོགས་པར་སྨིན་པ་ལྟར་དུ་དགོངས་ཏེ། དེ་ཉིད་ལ་མཆོག་ཏུ་གུས་ཤིང་དད་པའི་སྒོ་ནས་བསྟོད་ཕྱག་མཛད་པ་ཇི་བཞིན་དུ། བདག་ཅག་རྣམས་ཀྱང་སྙིང་རྗེ་ཆེན་པོ་ལ་དེ་བཞིན་དུ་དང་བ་དང་ཡིད་ཆེས་མངོན་འདོད་བཅས་ལེགས་པར་སྐྱེ་བའི་ཐབས་ལ་འབད་དགོས་པར་སེམས་སོ།།

དེས་ན་དེ་འདྲ་བའི་སྙིང་རྗེ་ཆེན་པོ་དེ་ཉིད་ངོས་ལེགས་པར་ཟིན་དགོས་པས། དེ་ཡང་དེའི་ངོ་བོ་དང་། དབྱེ་བ། སྐྱེད་བྱེད་ཀྱི་རྒྱུ། སྐྱེས་པའི་ཚད། སྒྲུབ་བྱེད་ཀྱི་རིགས་པ། སྒོམ་པའི་ཚུལ། གོམས་པའི་རིམ་པ་བཅས་བདུན་གྱི་སྒོ་ནས་བཤད་པར་བྱ་སྟེ། དང་པོ་ངོ་བོ་ནི། སེམས་ཅན་ཐམས་ཅད་ཉེས་ཚོགས་ཀྱུད་པ་མཐའ་དག་དང་གཏན་ནས་བྲལ་ན་སྙམ་པའི་སྙིང་ནས་བརྩེ་བ་དང་གིས་སྐྱེ་བ་ཞིག་ལ་སྙིང་རྗེ་ཆེན་པོ་ཞེས་བརྗོད་པ་དང་། སེམས་ཅན་ཐམས་ཅད་ཕན་བདེ་ལེགས་ཚོགས་དང་གཏན་དུ་ལྡན་པ་ཞིག་བྱུང་ན་སྙམ་པ་དང་གིས་བྱུང་བའི་སེམས་ཀྱི་ཁྱད་པར་དེ་འདྲ་བ་ཞིག་ལ་ནི་བྱམས་པ་ཆེན་པོ་ཞེས་བརྗོད། དེ་གཉིས་ལ་ཉེས་ཚོགས་དང་བྲལ་འདོད་དང་ལེགས་ཚོགས་དང་འབྲད་འདོད་ཙམ་ལས་ཁྱད་པར་མེད་པར་གསུངས་སོ།།

གཉིས་པ་དབྱེ་བ་ལ། སེམས་ཅན་ལ་དམིགས་པའི་སྙིང་རྗེ་ཆེན་པོ་དང་། ཆོས་ལ་དམིགས་པའི་སྙིང་རྗེ་ཆེན་པོ་དང་། དམིགས་མེད་ལ་དམིགས་པའི་སྙིང་རྗེ་ཆེན་པོ་དང་གསུམ་སྟེ། དེ་རྣམས་ཀྱི་ཁྱད་པར་ནི། སྙིང་རྗེ་ཆེན་པོ་གཞིར་བྱས། སེམས་ཅན་མི་རྟག་པ་དང་། རང་བཞིན་གྱིས་མ་གྲུབ་པར་རྟོགས་པའི་བློ་གང་གིས་ཀྱང་དངོས་སུ་མ་ཟིན་པ་དང་། དེ་རང་བཞིན་གྱིས་མེད་པར་རྟོགས་པའི་བློས་དངོས་སུ་མ་ཟིན་ཅིང་དེ་མི་རྟག་པར་རྟོགས་པའི་བློས་དངོས་སུ་ཟིན་པ་དང་། དེ་རང་བཞིན་གྱིས་མ་གྲུབ་པར་རྟོགས་པའི་བློས་དངོས་སུ་ཟིན་པ་རྣམས་རིམ་པ་བཞིན་དུ་འཇོག་དགོས་ལ། དེ་ཡང་སེམས་ཅན་ཐམས་ཅད་འཁོར་བའི་སྡུག་བསྔལ་ལས་གྲོལ་ན་སྙམ་པ་ཙམ་དང་། མི་རྟག་པ་ལ་རྟག་པར་འཛིན་པའི་བློ་འཁྲུལ་བ་དེའི་དབང་གིས་མནར་བ་སོགས་ལས་གྲོལ་ན་སྙམ་པ་དང་། རང་བཞིན་གྱིས་གྲུབ་པ་མེད་ཅིང་མི་དམིགས་པ་ལ་དེ་ལྟར་ཡོད་པར་འཁྲུལ་བའི་དབང་གིས་མནར་བ་འདི་ལས་གྲོལ་ན་སྙམ་པའི་བརྩེ་བ་གསུམ་ལ་རིམ་པ་བཞིན་དུ་འཇོག་ན་འང་འགྲིགས་པར་སྣང་ངོ་།།

གསུམ་པ་སྐྱེད་བྱེད་ཀྱི་རྒྱུ་ནི། སྙིང་རྗེ་ཆེན་པོ་དེ་ཉིད་གཙོ་བོའི་རྒྱུ་ཐུན་མོང་མ་ཡིན་པ་གང་ལས་སྐྱེ་བ་ཡིན་སྙམ་ན། དེ་ནི་བདག་གཞན་

སེམས་ཅན་ཐམས་ཅད་ཀྱི་སྐྱེ་བ་ལ་ཐོག་མ་མེད་པས་རང་གི་མར་མ་གྱུར་པའི་སེམས་ཅན་སུ་ཡང་མེད་ཅིང་། དེ་ཡང་ཚེ་འདིའི་མ་དང་ཁྱད་པར་མེད་པར་ངེས་པའི་མར་ཤེས་དང་། མ་ནམ་བྱས་ཀྱི་ཚེ་རང་གི་ནུས་ཚོད་ཀྱིས་ཕན་པ་དང་ལེགས་པ་གང་ཡོད་ཀྱིས་འཚོ་སྐྱོང་དང་། གནོད་པ་དང་སྐྱོན་གང་ཡོད་ལས་སྲུང་སྐྱོབ་བྱས་ཚུལ་སོགས་བསམས་པའི་དྲིན་དྲན་དང་། ཕར་རང་ཉིད་བདེ་བས་ཕོངས་ཤིང་སྡུག་བསྔལ་གྱིས་མནར་བའི་ཚེ་ལུས་དང་སྲོག་ཀྱང་ཕངས་མེད་དུ་བཏང་སྟེ། བདེ་བ་ལ་སྦྱོར་ཐབས་དང་སྡུག་བསྔལ་ལས་གྲོལ་ཐབས་ལན་གྲངས་དུ་མར་བྱས་སྐྱོང་མཁན་ཤ་སྟག་ཡིན་པར་འདུག་པས་ཅིས་ཀྱང་དྲིན་ལན་ལེགས་པར་འཇལ་དགོས་སྙམ་པའི་དྲིན་གཟོ་དང་། ཁྱད་པར་དུ་སེམས་ཅན་ཐམས་ཅད་ལ་དུས་ཀུན་ཏུ་གཅེས་ཤིང་ཕངས་པའི་རྣམ་པ་ཅན་དུ་ལྟ་བའི་ཡིད་འོང་གི་བྱམས་པ་དེ་ལས་སྐྱེ་དགོས་པར་གསུངས་ཤིང་། དེ་ཡང་དྲིན་ཅན་མ་རྒན་སེམས་ཅན་ཐམས་ཅད་ཤིན་ཏུ་གཅེས་ཤིང་ཕངས་པར་ངེས་པར་དྲན་དགོས་ཏེ། བདག་ཉིད་ཤིན་ཏུ་སྐྱོ་ཞིང་ཉམ་ཐག་པའི་སྐབས་སུ་ཧ་ཅང་གི་བཀའ་དྲིན་ཆེན་པོས་འཚོ་སྐྱོང་གནང་མཁན་འདི་རྣམས། ད་ལྟར་ཤིན་ཏུ་ནས་སྐྱོ་ཞིང་ཉམ་ཐག་པ་ལ་ངེས་པར་དུ་དྲིན་ལན་ལེགས་པར་འཇལ་དགོས་པའི་དྲིན་

ཅན་ཤ་སྟག་ཡིན་པའི་ཕྱིར་རོ་སྙམ་པའི་རྒྱུ་མཚན་ཡང་ཡང་དྲན་པའི་སྒོ་ནས་སྐྱེ་དགོས་པ་ཡིན་པར་སྣང་ངོ།།

བཞི་པ་དེ་སྐྱེས་པའི་ཚད་ནི། ཕྱིར་འདི་འདྲའི་རིགས་ལ་བློ་སྦྱོང་བའི་ཚེ་གཞན་གྱི་ཡད་མོ་དང་། ཁ་ཙམ་ཚིག་ཙམ་ལས་སེམས་བཟོ་བཅོས་ཀྱིས་དངོས་གནས་མ་ཡིན་པ་ལ་ཡིན་ཁུལ་གྱི་བློ་བཅོས་མ་ཞིག་དང་། ཞི་ཕྲུགས་ནས་དེ་འདྲར་བསམ་ཞིང་དེ་ལྟར་སྦྱངས་པའི་བློ་བཅོས་མ་མ་ཡིན་པ་ཡིན་ཡང་བཅོས་མིན་གྱི་མྱོང་བ་མ་ཐོན་པའི་རིགས་ཤིག་དང་། དེ་ལྟར་སྦྱངས་པའི་བཅོས་མིན་གྱི་མྱོང་བ་ཐོན་པའི་རིགས་གསུམ་ཡོད་པར་སྣང་བ་ལས། དང་པོ་དེ་ཉིད་ནི་སྙིང་རྗེ་ཙམ་དུ་ཡང་འཇོག་ཏུ་མི་རུང་བར་མ་ཟད། གཉིས་པ་དེ་འང་སྙིང་རྗེ་ཆེན་པོ་བཏགས་པ་བ་ཙམ་ལས་དངོས་གནས་པ་མིན་ལ། དངོས་གནས་པའམ་མཚན་ཉིད་པ་སྐྱེས་པ་ལ་ནི་གསུམ་པ་དེ་བཞིན་སྐྱེས་པ་ནས་བཞག་དགོས་ཤིང་། དེ་ཡང་བསྒྲིམ་མི་དགོས་པར་རང་གི་ངང་གིས་སྐྱེས་པ་ནས་འཇོག་དགོས་པར་གསུངས་སོ།།

ལྔ་པ་སྒྲུབ་བྱེད་ཀྱི་རིགས་པ་ནི། དེ་ལྟ་བུ་ཞིག་སྐྱེ་རྒྱུ་ཡོད་པ་གང་གིས་འགྲུབ་སྙམ་ན། དེ་ནི་ཕྱིར་ན་བདག་ཉིད་ཆེན་པོ་དཔལ་ལྡན་ཞི་བ་ལྷས། བྱང་ཆུབ་སེམས་དཔའི་སྤྱོད་པ་ལ་འཇུག་པར། གོམས་ན་སླ་བར་

མི་འགྱུར་བའི།། དངོས་དེ་གང་ཡང་ཡོད་མ་ཡིན།། ཞེས་གསུངས་པ་ལྟར་དང་། རིགས་པའི་དབང་ཕྱུག་དཔལ་ལྡན་ཆོས་ཀྱི་གྲགས་པས། ཚད་མ་རྣམ་འགྲེལ་དུ། སེམས་ལ་བརྩེ་སོགས་གོམས་སྐྱེ་བ།། རང་གི་ངང་གིས་འཇུག་འགྱུར་ཏེ།། ཞེས་སོགས་ཀྱི་སྐབས་སུ་སྒྲུབ་བྱེད་རྒྱས་པར་གསུངས་ཡོད།

གནད་བསྡུས་ན། སེམས་ཅན་ཐམས་ཅད་སྡུག་བསྔལ་དང་བྲལ་བར་འདོད་པའི་རྩོལ་བཅས་ཀྱི་སྙིང་རྗེ་དེ་ཆོས་ཅན། གོམས་བྱེད་ཀྱི་ཡན་ལག་དང་མ་བྲལ་བར་གོམས་ན་རང་གི་ངང་གིས་འབྱུང་རུང་ཡིན་ཏེ། རྟེན་བརྟན་ཅིང་གོམས་ཟིན་འབད་རྩོལ་བསྐྱར་མ་ཉིད་ལ་མི་ལྟོས་པར་སྐྱེ་བ་སེམས་ཀྱི་ཡོན་ཏན་ནམ་ཁྱད་ཆོས་ཡིན་པའི་ཕྱིར། དཔེར་ན་འདོད་ཆགས་བཞིན་ནོ།། ཞེས་པའི་རིགས་པ་ཡང་དག་འདི་ལྟ་བུས་འགྲུབ་པ་ཡིན་པར་སེམས་སོ།།

དྲུག་པ་སྒོམ་པའི་ཚུལ་ནི། དེ་ལ་བདག་མེད་བསྒོམ་པ་སོགས་ཡུལ་ལ་གསལ་སྣང་འདོན་པ་གཙོ་བོར་བྱེད་སྐབས་སུ་འཇོག་སྒོམ་གཙོ་བོར་བྱ་དགོས་ལ། བྱམས་བརྩེ་བསྒོམ་པ་སོགས་བློའི་ཉམས་ཞུགས་གོང་འཕེལ་དུ་གཏོང་བའི་ཆེད་དུ་བསྒོམ་པ་ལ་ནི་རྒྱུ་མཚན་མང་པོ་དྲན་ཏེ་

དཔྱད་སྒོམ་གཙོ་བོར་བྱེད་དགོས་ཤིང་། དེ་ཡང་སེམས་ཅན་ཐམས་ཅད་ཀྱིས་རང་གི་དྲིན་ཅན་གྱི་ཕ་མ་ལན་གྲངས་མང་དུ་བྱས་སྐྱོང་བ་སོགས་ཀྱི་རྒྱུ་མཚན་ཡང་ཡང་བསམས་ཏེ་བསྒོམ་དགོས་པར་སྣང་ངོ་།།

བདུན་པ་གོམས་པའི་རིམ་པ་ནི། ལམ་དང་པོ་བ་རྣམས་ཀྱིས་ནི་སྔོན་དུ་རང་ལ་ད་ལྟ་དྲིན་ཆེ་བ་ཕ་མ་ཉེ་འབྲེལ་མཛའ་གྲོགས་སོགས་དང་། དེ་ནས་ཕན་གནོད་གང་ཡང་མ་བྱས་པའི་གྲོང་ཡུལ་གྱི་མི་སོགས་དང་། དེ་ནས་གནོད་འཚེ་ཆུང་འབྲིང་ཆེ་གསུམ་བྱས་པའི་དགྲའི་རིགས་ལ་རིམ་བཞིན་དང་། ཡང་ན། སེམས་ཅན་མང་པོ་ནད་རིགས་འདྲ་མིན་དང་། བཀྲེས་སྐོམ་དང་ཚ་གྲང་། ཁྲིམས་གཅོད་དང་བཤུས་ར་རྣམས་སུ་གསོད་རྡུང་དྲག་པོ་གཏོང་ཚུལ་དང་། འབྱུང་བའི་གནོད་སྐྱོན་ཤུགས་དྲག་གིས་མནར་ཚུལ་དྲན་ཏེ། དེ་རྣམས་སྡུག་བསྔལ་དེ་དག་ལས་བྲལ་ཏེ། བདེ་སྐྱིད་དང་ལྡན་པར་འགྱུར་ན་སྙམ་པ་དང་། དེ་ནས་ལས་ཉོན་གྱི་གཞན་དབང་དུ་གྱུར་པའི་ཁམས་གསུམ་འཁོར་བའི་སེམས་ཅན་ཐམས་ཅད་ཉེས་ཚོགས་ཀྲུད་པ་ཐམས་ཅད་དང་བྲལ་བ་དང་། ཕན་བདེ་ལེགས་ཚོགས་ཐམས་ཅད་དང་ལྡན་པར་སྙིང་ཁོང་རུས་པའི་གཏིང་ནས་འདོད་པའི་བྱམས་པ་ཆེན་པོ་སྐྱེ་བའི་ཐབས་ལ་འབད་དེ་གོམས་དགོས་

པ་ཡིན་པར་སེམས་ཤིང་། བདག་ཅག་འགྲོ་བ་ཡོངས་ལ་དེ་བཞིན་ལེགས་པར་སྐྱེ་བའི་རེ་སྨོན་གསོལ་འདེབས་རྒྱ་ཆེར་དང་བཅས་ཏེ། དགེ་མིང་དཔལ་ལྡན་གྲགས་པས་ཕྱི་ལོ་ ༢༠༡༡ ཟླ་བ་ ༠༨ ཚེས་ ༠༣ ཉིན་བྲིས་ཤིང་། ཕྱི་ལོ་ ༢༠༡༢ ཟླ་བ་ ༠༨ ཚེས་ ༢༥ ཉིན་སླར་ཡང་བསྐྱར་བཅོས་གང་ཤེས་བགྱིས་ཏེ་སྤེལ་བ་དགེ་ལེགས་འཕེལ།

བྱང་ཆུབ་ཀྱི་སེམས་སྦྱོང་ཚུལ་གནད་བསྡུས།

གོང་གསལ་ཚུལ་འདི་འདྲ་ལ་བརྟེན་ནས་བྱང་ཆུབ་ཀྱི་སེམས་བསྐྱེད་པ་ལ་འཇུག་ཚུལ་ཞེས་དགོས་ལ། དེ་ལ་བྱང་ཆུབ་ཀྱི་སེམས་ནི། མངོན་རྟོགས་རྒྱན་ལས། སེམས་བསྐྱེད་པ་ནི་གཞན་དོན་ཕྱིར།། ཡང་དག་རྫོགས་པའི་བྱང་ཆུབ་འདོད།། ཅེས་གསུངས་པ་ལྟར། གཞན་དོན་དུ་རྫོགས་བྱང་ལ་དམིགས་ཤིང་རང་གི་གྲོགས་སུ་གྱུར་པའི་འདོད་པ་དང་མཚུངས་ལྡན་དུ་གྱུར་པའི་ཐེག་ཆེན་ལམ་གྱི་འཇུག་སྒོར་གྱུར་པའི་གཙོ་བོར་ཡིད་ཀྱི་

རྣམ་རིག་ཁྱད་པར་ཅན་དེ་ཁྱད་ཆོས་དེ་ལྟར་ཚང་བ་ཞིག་ལ་གོ་དགོས་པར་གསུངས་ལ། དེ་འདྲ་བ་དེ་སྐྱེས་ན། སྤྱོད་འཇུག་ལས། གསེར་འགྱུར་རྩི་ཡི་རྣམ་པ་མཆོག་ལྟ་བུ།། མི་གཙང་ལུས་འདི་བླངས་ནས་རྒྱལ་བའི་སྐུ།། རིན་ཆེན་རིན་ཐང་མེད་པར་བསྒྱུར་བས་ན།། བྱང་ཆུབ་སེམས་ཞེས་བྱ་བ་རབ་བརྟན་བཟུང་།། ཞེས་སོགས་ཕན་ཡོན་བསམ་གྱིས་མི་ཁྱབ་པ་ཡོད་པར་གསུངས་སོ།།

འོ་ན་དེ་ལྟ་བུའི་སེམས་སྐྱོང་བ་ལ་འཇུག་ཚུལ་ཇི་ལྟར་ཡིན་སེམས་ན། རྣམ་བཤད་དགོངས་པ་རབ་གསལ་ལས། བྱང་ཆུབ་ཀྱི་སེམས་སྐྱོང་བའི་མན་ངག་བཞིན་དུ་སྦྱངས་པ་ལ་བརྟེན་ནས། ཞེས་དང་། འོ་ན་མན་ངག་ཇི་ལྟ་བུ་དགོས་ཤེ་ན། འོག་ཏུ། སེམས་ཅན་ཤིན་ཏུ་གཅེས་ཤིང་ཡིད་ལ་ཕངས་པའི་ཡིད་འོང་བསྐྱེད་པ་ཞིག་དགོས་པ་ནི་གནད་ཆེན་པོའོ།། ཡིད་འོང་ཐབས་གང་གིས་བསྐྱེད་པ་ལ་མཁས་པའི་དབང་པོ་དག་གི་ལུགས་གཉིས་སྣང་བའི་དང་པོ་ནི། ཟླ་བའི་ཞབས་ཀྱིས་སེམས་ཅན་ཕ་མར་བྱས་ཚུལ་བསམ་པའི་མན་ངག་དང་། གཉིས་པ་ནི་རྒྱལ་སྲས་ཆེན་པོ་ཞི་བ་ལྷ་སོགས་ཀྱིས་བདག་གཞན་མཉམ་བརྗེའི་སྒོ་ནས་སྐྱེ་ཚུལ་གསུངས་པ་ལྟར་ལ། དེས་ན་དེ་གཉིས་ཀྱང་དབང་པོ་རྣོ་རྟུལ་གྱིས་མ་ཡིན་པའང་ལུགས་དང་

པོ་བཞིན་པ་པོས་གོ་ཐུབ་པར་སྣང་།

དེར་མ་ཟད། བྱང་ཆུབ་ཀྱི་སེམས་བསྐྱེད་པ་ལ་བསྐྱེད་ཚུལ་གཉིས་ཀ་ཚང་དགོས་པར་མཚོན་ཏེ། རྗེ་རིན་པོ་ཆེའི་རིམ་ལྔ་གསལ་སྒྲོན་ལས། འདི་ནི་རྗེ་བཙུན་བྱམས་པ་ནས་ཐོགས་མེད་དང་། རྗེ་བཙུན་འཇམ་དབྱངས་ནས་ཀླུ་སྒྲུབ་དང་ཞི་བ་ལྷ་ལ་བརྒྱུད་པའི་ཆུ་བོ་གསུམ་འདྲེས་ཀྱི་གདམས་པ་རྡོ་རྗེ་ཐེག་པ་དང་ཕར་ཕྱིན་ཐེག་པ་གང་གི་སྒོར་འཇུག་ཀྱང་བྱ་དགོས་པར་ རྡོ་པོ་ཆེན་པོས་བཞེད་དོ།། ཞེས་གསུངས་པས་གོའི་སྙམ། འོ་ན། དེ་གཉིས་ལས་སེམས་ཅན་ཕ་མར་བྱས་པའི་མན་ངག་ཏུ་སེམས་ཅན་ཐམས་ཅད་མར་ཤེས་ཚུལ་དེ་ཇི་ལྟར་ཡིན། སེམས་ཅན་ཡིན་ན་རང་ཉིད་ཀྱི་ཕ་མ་བྱས་མྱོང་བས་ཁྱབ་པ་ལ་བསམ་ན། རང་ཉིད་ཀྱི་རྗེས་སུ་བྱུང་བའི་རྒྱུད་མོ་དེ་མཐོང་བའི་ཚེ། འདི་ངའི་མའོ་སྙམ་ས་དེ་རྒྱུད་མོ་དེ་ཉིད་མ་ཡིན་པར། དེ་དང་རྟེན་གཅིག་པ་དང་། རྒྱུད་གཅིག་པའི་བུད་མེད་དེ་ལ་དམིགས་ནས་སྐྱེས་པ་ཡིན་པར་ཤེས་དགོས་པར་སྣང་ངོ་།།

ཡང་བདག་གཞན་མཉམ་རྗེ་ཡི་མན་ངག་གསུངས་པ་ལས། རང་གཅེས་འཛིན་དང་གཞན་གཅེས་འཛིན་འཛོག་ཚུལ་འདྲ་མིན་འདུག་པར། རང་གི་བསམ་ཚུལ་ནི། རང་གཅེས་འཛིན་གྱིས་རང་རྩ་བ་ཆེར་འཛིན་པ་

དང་། གཞན་གཅེས་འཛིན་གྱིས་གཞན་རྩ་ཆེར་འཛིན་པ་ཡིན་པས་གཉིས་ཀ་བློ་དོན་མཐུན་དུ་སྣང་ལ། དེས་ན་བདག་གཞན་བརྗེ་ཞེས་པ་ནི། བདག་པས་གཞན་གཅེས་པར་འཛིན་པ་དང་། གཞན་བས་སམ་གཞན་ལས་རང་གཅེས་པར་འཛིན་པའི་བློ་བརྗེ་བ་སྟེ་བསྒྱུར་བ་ལ་བརྗོད་པར་སྣང་ལ། དེ་ལྟར་ན་ཐེག་ཆེན་རིགས་ཅན་རྣམས་ཀྱིས་རང་ཉིད་རྩ་ཆེར་འཛིན་དགོས་ཤིང་འཛིན་པའང་ཡོད། གཞན་བས་རང་གཅེས་པར་འཛིན་པ་ནི་མི་རིགས་པས་དེ་འགོག་དགོས་པར་སྣང་ལ། ཐེག་དམན་རིགས་ཅན་རྣམས་ལ། གཞན་བས་རང་གཅེས་པར་འཛིན་པ་ཡོད་ལ། འཛིན་མི་རིགས་པ་ཡང་མིན་པས་དེ་ལ་ཆེད་དུ་གཉེན་པོ་བསྟེན་མི་དགོས་པར་སྣང་། མདོར་ན། བདག་གཞན་མཉམ་བརྗེ་ཞེས་པ་ནི་དེ་འདྲ་ཞིག་ལ་གོ་དགོས་པར་སྣང་།

ཡིད་འོང་གི་བྱམས་པ་སྒྲུབ་པའི་རྟགས་ནི། བདག་ལ་སྙིང་ནས་བྱམས་ཤིང་བརྩེ་བའི་ཡིད་ཆེས་ཀྱིས་རེ་ལྟོས་བྱེད་པའི་ཉམ་ཐག་གི་སེམས་ཅན་འདི་ཀུན་ཆོས་ཅན། ཤིན་ཏུ་གཅེས་ཤིང་ཡིད་ལ་ཕངས་པར་ཉིད་དུ་བསམ་དགོས་ཏེ། བཟོད་པར་དཀའ་བའི་སྡུག་བསྔལ་ཤུགས་དྲག་གིས་མནར་ཞིང་བདག་ལ་སྙིང་ནས་རེ་བཅོལ་བྱེད་པའི་ཕྱིར། དཔེར་ན། རང་ལ་རེ་ལྟོས་འཆའ་བའི་འདམ་དུ་ཟུག་པའི་བྱིས་ཕྲུག་གི་ཕྲུ་ཚོགས་བཞིན་ནོ།།

ཞེས་འགོད་ན་ལེགས་པར་འཐུས་སམ་སྙམ་མོ།།

བྱང་ཆུབ་སེམས་མཆོག་རིན་པོ་ཆེ།། མ་སྐྱེས་པ་ནི་སྐྱེ་གྱུར་ཅིག
སྐྱེས་པ་ཉམས་པ་མེད་པ་དང་།། གོང་ནས་གོང་དུ་འཕེལ་བར་ཤོག

ཞེས་ཕྱོགས་བསྡེབས་འདི་ཡང་དགེ་མིང་དཔལ་ལྡན་གྲགས་པས་༢༠༢༣ ལོའི་ཟླ་ ༩ ཚེས་ ༡༥ རེས་གཟའ་པ་སངས་ཉིན་བགྱིས་པ་དགེ་ལེགས་འཕེལ།།

དག་བཤེར་དཔྱད་བསྡུར་བྱེད་པོ་གཙོ་བོ།
དཔེ་ཁྲིད་དགེ་རྒན་ཏེ་ཧོར་དགེ་བཤེས་ལྷ་རམས་པ་ཚེ་རིང་ནོར་བུ།
དཔེ་ཁྲིད་དགེ་རྒན་ཏེ་ཧོར་དགེ་བཤེས་ལྷ་རམས་པ་ཟླ་བ་ཚེ་རིང་།

ཡིག་འགོད་པ།
ཏེ་ཧོར་དགེ་བཤེས་ཀུན་བཟང་ཚུལ་ཁྲིམས།
ཏེ་ཧོར་དགེ་བཤེས་ངག་དབང་མཁྱེན་རབ།

མ་ཕྱུན་རྐྱེན་སྦྱོར་བ་པོ།
རྭ་སྟོད་མཁན་རིན་པོ་ཆེ་དགེ་བཤེས་བསོད་ནམས་རྒྱལ་མཚན།

དཔར་རྩ་དང་སྤེལ་གཟུགས་སྒྲིག་སྦྱོར་བ།
ཏེ་ཧོར་དགེ་བཤེས་འཚེ་མེད་དར་རྒྱས།
ཏེ་ཧོར་དགེ་བཤེས་ངག་དབང་མཁྱེན་རབ།

གོང་གསལ་རྣམས་ཀྱི་ཐུགས་ཁུར་ཆེར་བཞེས་ཀྱི་མ་ཕྱུན་རྐྱེན་ལ་བརྟེན་ནས་འདི་བཞིན་ལེགས་པར་གྲུབ་པར་དགའ་སྤྲོ་ཆེན་པོས་ཐུགས་རྗེ་ཤིན་ཏུ་ཆེ་ཞེས་ཞུ་རྒྱུ་ཡིན་ལགས་སོ།།

티벳어본 교정 및 교열

교수사 떼호르 게쎼 하람빠 체링노르부

교수사 떼호르 게쎼 하람빠 다와체링

한글본 교정

게쎼 쏘남걜챈

게쎼 땐진상뽀

게쎼 예쎼빨댄

게쎼 쏘남최펠

녹취

떼호르 게쎼 꾼상출팀

떼호르 게쎼 응악왕케랍

티벳어본 편집

게쎼 치메다르개

떼호르 게쎼 응악왕케랍

번역

게쎼 쏘남걜챈

인강스님

이들의 진심 어린 마음과 도움 덕분에 이 책이 완성될 수 있었습니다.
매우 기쁘고 환희로운 마음으로 모든 이들에게 깊은 감사의 마음을 올립니다.

현자들께서 기뻐하시는
중관의 난제에 관한 요지를 밝힌 견해

༄༅། །དབུ་མའི་དཀའ་གནད་ཀྱི་སྙིང་པོར་རྟོག་འཆར་དུ་བཀོད་པ་དཔྱོད་ལྡན་མཉེས་བྱེད།

초판1쇄 발행 2024년 5월 15일

지은이 게쎄 빨댄닥빠
옮긴이 게쎄 쏘남갤챈 · 인강스님(김수연, dayoun5702@gmail.com)
펴낸이 홍종화

주간 조승연
편집 · 디자인 오경희 · 조정화 · 오성현
신나래 · 박선주 · 정성희
관리 박정대

펴낸곳 민속원
창업 홍기원
출판등록 제1990-000045호
주소 서울 마포구 토정로25길 41(대흥동 337-25)
전화 02) 804-3320, 805-3320, 806-3320(代)
팩스 02) 802-3346
이메일 minsok1@chollian.net, minsokwon@naver.com
홈페이지 www.minsokwon.com

ISBN 978-89-285-1985-9 03220